LA FRANCESILLA

For Alan Deyermond, with deep admiration
    and regard,
        Don McGrady
        23 June 1981

LOPE DE VEGA

LA FRANCESILLA

Edición, introducción
y notas de
DONALD McGRADY

4
BIBLIOTECA SIGLO DE ORO
CHARLOTTESVILLE, VIRGINIA
1981

Para Celina S. de Cortazar,
lejana amiga desconocida...

BIBLIOTECA SIGLO DE ORO
Colección dirigida por
DONALD McGRADY

© Biblioteca Siglo de Oro - 1981
530 North First Street
Charlottesville, Virginia 22901

Depósito legal: M. 7.833.—1981
ISBN: 84-499-4456-2
Library of Congress Card No. 80-70208

Printed in Spain
ARTES GRÁFICAS BENZAL, S. A. - Virtudes, 7 - MADRID-3

SUMARIO

SUMARIO

INTRODUCCION

Perfil biográfico de Lope [1].

Lope Félix de Vega nace en Madrid el 2 de diciembre de
1562, hijo del bordador Félix de Vega y su mujer Francisca
Fernández Flores, nativos ambos del Valle de Carriedo, en
La Montaña. Según afirmación propia, Lope pasa algunos
de sus primeros días en Sevilla, en la casa de su tío, el in-
quisidor don Miguel Carpio (más tarde Lope adoptará el
apellido de este tío). Como revela desde temprano una despierta inteligencia, sus padres deciden elevarlo sobre el ofi-
cio de bordador, que ha empezado a aprender, y lo ponen a
estudiar con el escritor Vicente Espinel. Hacia 1574 entra
al colegio de los jesuitas en Madrid, donde florece el teatro
escolar; pronto se aficiona a las Musas y comienza a escribir comedias, dice, a los once años. Lope afirma haber asis-
tido a la Universidad de Alcalá de Henares, aunque esto no
consta en los documentos existentes. Por esta época sirve
a don Jerónimo Manrique, obispo de Avila. Muere su padre
en 1578; años más tarde Lope exaltará su memoria en *El
laurel de Apolo*. (En cambio, el poeta no parece muy unido
a su madre, muerta en 1589.) A poco de morir su padre,

---

[1] Está por escribir aún la biografía definitiva de Lope. Mucho
material desconocido dormita en los archivos hasta el día de hoy,
y todavía no se ha sacado todo el partido posible de los documentos conocidos. La labor de reconstruir la vida de Lope es tan in-
gente como la de hacer el estudio decisivo de su obra.

9

Lope huye de casa con un amigo; llegan hasta Astorga, donde les falta el ánimo, y emprenden el regreso; en Segovia despiertan sospechas, y un alguacil los devuelve a Madrid.

Hacia 1580 comienza Lope a darse a conocer como escritor de poesías líricas y alguna comedia; posiblemente estudia en la Universidad de Salamanca de 1580 a 1582. Por estas mismas fechas entra al servicio de don Pedro Dávila, marqués de las Navas, cuya secretaría desempeña hasta 1587. No obstante dicho empleo, toma parte en la expedición que conquista la isla Terceira en 1583. Vuelve a Madrid en septiembre del mismo año, y por esta época parecen empezar su sonados amores con la bella comediante Elena Osorio (que llamará poéticamente «Filis»), la cual tiene su marido en América. Unos cuatro años duran estas relaciones, divulgadas y celebradas por Lope en sus versos, hasta constituir la comidilla de la corte. Tan gran pasión acaba escandalosamente hacia fines de 1587, cuando el poeta hace circular unos tremendos libelos contra Elena y su familia, motejándoles de rufianes, alcahuetes y rameras. A juzgar por *La Dorotea,* historia literaturizada de esta primera pasión desaforada de Lope, Elena lo dejó por otro (él dice que por dinero). Procesado por difamación y declarado culpable, es condenado a cuatro años de destierro de Madrid, y dos de Castilla. Todavía en la cárcel, vuelve a injuriar a Elena, por lo cual se eleva su pena a ocho años de expulsión de la corte. En febrero de 1588 Lope sale de Madrid para cumplir su destierro en Valencia.

En medio de sus enredos con la justicia, Lope tiene valor para raptar a una doncella principal de Madrid, Isabel de Urbina («Belisa»); en mayo se casa con ella por poder. Lope cuenta que poco después se alistó en la Armada Invencible y luego, a bordo del galeón *San Juan,* usó como tacos de arcabuz sus poesías dedicadas a Elena Osorio. En esto puede haber mucha literatura. En todo caso, vencida la Armada, Lope se instala con su mujer en Valencia, donde pasa dos años (1589-90) de rara tranquilidad, rodeado del aprecio de los dramaturgos valencianos (Guillén de Castro, Francisco Tárrega, Gaspar de Aguilar, etc.). Allí escribe muchas comedias y otros versos.

En 1590 termina su destierro de Castilla, y el poeta se acerca a Madrid colocándose como secretario del marqués de Malpica, en Toledo. Al cabo de un año deja a Malpica para entrar al servicio del duque de Alba; hasta 1595 vivirá en la idílica corte ducal de Alba de Tormes, componiendo allí una novela pastoril, *La Arcadia*, y varias comedias. Sin embargo, la villa del Tormes significa mucho dolor para Lope, pues en ella ve morir a su hija primogénita, luego a su querida Isabel, en los aprietos de un parto, y poco después, al fruto de este alumbramiento desgraciado.

Solo y triste, Lope marcha a Madrid, pues ya ha sido levantado su destierro. En la corte tiene afianzada su carrera de dramaturgo y escribe ahincadamente. Intensísimo vividor, el trabajo no le quita tiempo para su otra gran vocación: el amor. En 1596 es procesado por amancebamiento con una viuda alegre, Antonia Trillo de Armenta, y en 1598 casa con Juana de Guardo, hija de un rico carnicero, al parecer más atraído por la dote (que nunca llega a cobrar) que por otras ocultas o visibles prendas. Posiblemente de 1599 daten sus amores con la bella e inculta comedianta Micaela de Luján («Camila Lucinda»). Estas relaciones durarán varios años —por lo menos hasta 1608— y traerán al mundo cinco hijos, de los cuales dos se cuentan entre sus predilectos: Marcela (1605) y Lope Félix (1607). Desde 1598 sirve de secretario al marqués de Sarria, volviendo a serlo antes, por breve tiempo, del marqués de Malpica. En mayo se cierran los teatros, por la muerte de la infanta doña Catalina, y permanecen cerrados casi un año. Durante esta forzosa suspensión de actividad teatral, Lope se dedica a rematar o iniciar obras no dramáticas: *La Arcadia*, la novela pastoril comenzada en Alba de Tormes; *La Dragontea*, un poema épico sobre Francis Drake; *El Isidro*, poema narrativo sobre el santo labrador de Madrid; y *La hermosura de Angélica*, continuación del *Orlando furioso* de Ariosto. En estos años de fin de siglo la popularidad de Lope y su obra toma impulso decisivo: se le considera el máximo poeta nacional, designándosele como el *Fénix de los ingenios nacionales*.

En abril de 1599 acompaña Lope al marqués de Sarria a

Valencia, donde se celebran las bodas de Felipe III y su hermana con los archiduques de Austria. El poeta toma parte en las fiestas, y al parecer tiene unos amores fugaces con una dama valenciana, de cuyas relaciones nace un hijo, Fernando Pellicer. En los años siguientes realiza numerosos viajes acompañando a Micaela de Luján en sus actuaciones dramáticas por Toledo, Granada y Sevilla. En 1603 se traslada a la ciudad del Betis para ayudar a Micaela a recibir para sus hijos la hacienda de su marido, recientemente fallecido en América (Mateo Alemán, el eximio novelista picaresco, amigo de Lope, sirve de testigo en la información). El Fénix parece continuar en Sevilla hasta la primavera de 1604, pues allí publica *El peregrino en su patria*, novela de tipo bizantino, en la que incluye una lista de las 219 comedias hasta entonces escritas. Poco después pasa a Toledo, donde deja instalada a Micaela y su prole; siguiendo a Madrid, logra que su abandonada mujer se mude a Toledo, donde toman ambos una casa cerca de la de «Camila Lucinda».

En el verano de 1605 el poeta se hace secretario del joven duque de Sessa, teniendo como tareas principales aconsejarle y prestarle ayuda en sus galanteos. Para estos menesteres Lope viaja frecuentemente de Toledo a Madrid. Micaela de Luján traslada su residencia a la corte en 1607, y parece probable que rompiera con Lope al año siguiente. De todas maneras, hacia 1609 Lope empieza a dedicar más tiempo a su familia, y se muestra encantado con Carlos Félix (1606), uno de sus dos hijos legítimos. En unos poemas religiosos afirma estar arrepentido de su conducta desordenada y hasta llega a escribir un soneto en loor del matrimonio, antes insufrible para él. Como consecuencia de esta crisis religiosa, ingresa en la Congregación de Esclavos del Santísimo Sacramento. También en 1609 publica *La Jerusalén conquistada* y el *Arte nuevo de hacer comedias,* además de algunas obras teatrales. El año siguiente se muda definitivamente a Madrid, comprando una amplia casa en la calle de Francos (hoy Cervantes). Detrás de la casa hay un jardincillo y huerta, donde el poeta se recrea cultivando flores y legumbres. Por esta época su vida se torna más tranquila y hogareña. Hacia 1611 su esposa Juana cae gravemente enferma y él la cuida con solicitud. En octubre se cierran los teatros nuevamente (por la muerte de la reina), lo cual le causa preocupaciones económicas; aprovecha el intervalo para terminar su novela *Los pastores de Belén*, que aparecerá en 1612 dedicada a su hijo Carlos Félix. Luego suceden desgracias muy dolorosas: primero muere Carlos, sumiendo a sus padres en profundo dolor, y al año siguiente (1613) Juana fallece al dar a luz a Feliciana.

Deshecho su hogar, Lope trae a su casa a Marcela y Lopito, los hijos de Micaela de Luján, posiblemente fallecida para entonces. El poeta ya ha atravesado otra crisis religiosa, cuyas huellas también quedan registradas en su poesía; sin duda, los bajos menesteres en que lo emplea el duque de Sessa influyen sobre esto. Las muertes de su hijo y esposa, sumadas al sentimiento de culpabilidad y la continuada atracción de la carne —a pesar de sus cincuenta años cumplidos— lo empujan hacia una decisión tan radical como alocada: la de ordenarse sacerdote. Recibe las órdenes menores en marzo de 1614 y marcha a Toledo a recibir las de presbítero. La increíble dualidad del hombre queda manifiesta en su decisión de alojarse, mientras espera su consagración religiosa, en la casa de Jerónima de Burgos, una actriz casada con la cual ha mantenido relaciones amorosas desde 1607 o 1608.

Vuelve a Madrid, donde canta misa y a la vez es secretario del duque de Sessa; éste insiste en que Lope continúe sus tercerías amorosas, a pesar de la prohibición de su confesor. La correspondencia del Fénix con Sessa, conservada en gran parte, pone tristemente en evidencia el servilismo de Lope hacia su mecenas (por fortuna, Sessa colecciona y guarda las cartas amorosas de Lope, para aprender en ellas, y también algunos autógrafos de comedias). Este año de su ordenación (1614), Lope da a la imprenta sus *Rimas sacras*, de inspiración religiosa. El duque de Sessa le cede un beneficio en sus tierras de Córdoba, y en 1615 su antiguo protector, don Jerónimo Manrique, obispo de Avila, le otorga una capellanía de 150 ducados en aquella ciudad. En octubre Lope acompaña a Sessa en la comitiva que va al Bidasoa a tramitar un doble matrimonio entre las casas reales de España y Francia.

A mediados de 1615 Lope comete el desatino de reanudar relaciones con otra actriz, Lucía de Salcedo («la Loca»); tan lunático como ella, la sigue a Valencia en el verano siguiente. Este abandono desencadena la ira de su antigua amante Jerónima de Burgos, seguramente porque ahora el dramaturgo da sus codiciadas comedias a la compañía de la Salcedo y no a la de Jerónima. Al cabo de varios meses de escándalo, Lope logra liberarse de esta pasión, aunque la misma Lucía para vengarse denuncia su amancebamiento. Lanzado otra vez por la pendiente de la pasión y el desenfreno, Lope se esclaviza con una querencia definitiva. Su nuevo —y último— amor es Marta de Nevares («Amarilis», «Marcia Leonarda»), una hermosa dama de buena familia, mal casada con un mercader soez. Estos amores sacrílegos comienzan a fines de 1616, y en el agosto siguiente nace su único y doloroso fruto, Antonia Clara.

También de 1617 data la *Spongia* de Pedro Torres Rámila, procaz ataque a las obras de Lope, quien es defendido a su vez por unos amigos en la *Expostulatio Spongiae*. Pese a la envidia de sus detractores (el más famoso e implacable es Góngora), el Fénix vive momentos de holgura económica y absoluta popularidad (corre una oración blasfema, perseguida por la Inquisición, que empieza «Creo en Lope todopoderoso, poeta del Cielo y de la tierra...»). El recuento de sus comedias, en una nueva edición de *El peregrino* (1618), sube a 448 títulos. El favor no alcanza hasta las alturas regias, sin embargo: en 1620 el poeta solicita con insistencia el cargo de Cronista Real, pero en balde —influirá mucho en esta negativa su vida nada edificante—. Quizá este mismo desorden impulsa a Marcela, su hija predilecta, a hacerse monja en 1621. Esta ausencia desgarradora parece iniciar una melancolía progresiva en el poeta, acrecentada al par con otros dolores: Marta de Nevares pierde progresivamente la vista de sus incomparables ojos verdes, tan cantados por su amante, y poco más tarde revela indicios de incipiente locura. La labor literaria del poeta sigue, no obstante, su curso: en 1621 publica el extenso poema *La Fi-*

lomena, junto con numerosas obras teatrales y algún cuento dedicado a «Marcia Leonarda». En 1622 organiza una justa poética para celebrar la canonización de varios santos españoles y escribe la crónica de las fiestas públicas. *La Circe, con otras rimas y prosas* (entre éstas, tres cuentos más para «Marcia Leonarda») se imprime en 1624, seguida un año más tarde por los *Triunfos divinos*. Tal vez para librarse de las indignas exigencias de Sessa, Lope dedica algunas obras a posibles mecenas nuevos, sin conseguir la anhelada ayuda económica. Honores sí recibe en 1627 del papa Urbano VIII (por *La corona trágica*, sobre la vida de María Estuardo): un doctorado en Teología y la cruz de Malta, que autoriza el honroso título de *frey*.

Por estas fechas anda mal la economía en el hogar del poeta, pues nunca ha sabido manejar el considerable dinero que gana. Pide constantemente a Sessa, que ya no lo trata tan generosamente como antes. Lo asaltan otras desdichas: en la primavera de 1628 cae enfermo de gravedad, y ese mismo año Marta de Nevares pierde la razón, a veces con accesos furiosos; Lope logra con cuidados amorosos que se reponga. Otro disgusto le trae el 1629: dos comedias son mal recibidas (no sabemos cuáles), y el viejo escritor, sintiéndose vencido, resuelve no componer más dramas —decisión felizmente no cumplida—. Ruega humildemente a Sessa lo nombre su capellán, sin resultado, a lo que parece. Mas no son todo derrotas este año: termina el *Laurel de Apolo*, elogio de unos 350 poetas nacionales y extranjeros, y estrena en el teatro del Buen Retiro *La selva sin amor*, la primera ópera española de que se tiene noticia.

Casi nada se sabe de sus actividades en 1630, pero al año siguiente parece recobrar los ánimos perdidos. Para la noche de San Juan el conde-duque de Olivares ofrece unos opulentos festejos a la familia real y encarga al efecto una comedia a Lope; se llama precisamente *La noche de San Juan*. El primero de agosto firma el Fénix una de sus obras maestras, la hermosa tragedia *El castigo sin venganza*. También en este año escribe su exquisita *Egloga a Claudio*, resumen poético de su vida y pensamiento, transido de melancolía y nostalgia. Aquí hace su famosa afirmación de haber escrito 1.500 comedias, muchas de ellas en «veinticuatro horas» (la crítica moderna se muestra escéptica ante tal cifra, rebajándola casi a la mitad). Por esta época escribe otra de sus obras supremas, la magna «acción en prosa», *La Dorotea*. Rememora en estas páginas su primer gran amor, el de Elena Osorio, al tiempo que va apagándose en la vida real su última pasión: Marta de Nevares. *La Dorotea* aparece en el mismo año (1632) de la muerte de «Amarilis». El poeta se sume en un dolor insondable, que se da la mano con un estado de meditación y expiación de los errores pasados. A esta melancolía contribuye la creciente soledad de su hogar: en 1633 se casa su única hija legítima, Feliciana. Sigue a pesar de todo la producción literaria: las *Rimas humanas y divinas del licenciado Tomé de Burguillos* (1634), el último volumen de Lope impreso en vida. Contiene el tomo *La gatomaquia*, brillante parodia de la épica italiana —aún sabe Lope reír—. El poema burlesco va dedicado a su hijo Lope Félix, desgraciadamente muerto poco después. Falta el golpe más duro de todos: Antonia Clara, hija de su último gran amor, se fuga con un galán de la corte, de apellido Tenorio. Parece haberse impuesto la fuerza de la sangre, pues la niña de diecisiete años, al igual que su madre, se entrega a un amor ilícito; el padre que sembrara vientos ahora recoge tempestades. Lope no volverá a ver a su hija, acogida por sus hermanas luego de ser abandonada por su galán. El Fénix dedica a la muerte de Lopito y a la fuga de Antonia sendas églogas, tituladas *Felicio* y *Filis*. Alude además al cruel rapto de Antonia en su comedia *La mayor virtud de un rey,* posiblemente su último drama, pero haciendo que el monarca castigue al seductor —desenlace en total contradicción con los hechos, pues Tenorio goza del favor real y nada se puede hacer.

El «Monstruo de la Naturaleza» sobrevive un año a la dolorosa seducción de su hija. A la pena espiritual se une la agravación de sus achaques físicos: a comienzos de agosto se queja del corazón, pero sigue con sus ocupaciones habituales. El día 26 compone un poema, *El Siglo de Oro*, y un soneto; empero por la tarde un médico amigo aconseja que se le suministren los Sacramentos. Recibidos éstos, el poeta se despide de sus amigos y bendice a su hija Feliciana. Vive todavía otro día angustioso, falleciendo el 27 de agosto por la tarde, rodeado por Sessa y otros amigos. Las exequias, costeadas por Sessa, son solemnes, dignas de Lope. Al entierro asiste todo Madrid; la procesión fúnebre hace un rodeo para pasar por el convento de sor Marcela, hija del poeta. Pero transcurridos estos emocionados momentos de exaltación, sobreviene la mezquindad: el duque de Sessa y sus herederos se niegan porfiadamente a pagar los derechos parroquiales de la tumba, como prometiera aquél. Durante largo tiempo se ha creído que por este incumplimiento los huesos de Lope fueron arrojados a la fosa común, pero ahora parece posible que se puedan identificar y reverenciar los restos del «Fénix de los ingenios españoles».

LA COMEDIA

Aunque Lope cultiva con maestría casi todas las modalidades literarias de su tiempo, su fama mundial se debe ante todo al subgénero establecido por él: la Comedia. Utilizando las innovaciones de algunos predecesores, Lope define las características de una forma teatral que ha de imponerse totalmente en España durante un siglo, más o menos desde 1580 hasta 1680.

La Comedia constituye una de las especies literarias más homogéneas que se conocen[2].En primer lugar, se trata de un nombre que nada dice respecto a la distinción *tragedia* y *comedia;* la Comedia puede ser trágica (aunque son pocos los casos) o cómica —las más de las veces se combinan elementos graves con otros ligeros, con predominio de los últimos[3]—. Siempre tiene este drama tres actos; el primero

---

[2] Para los párrafos que siguen, hemos aprovechado libremente la excelente síntesis de Margaret Wilson, *Spanish Drama of the Golden Age* (Oxford, 1969), cap. 3, estudio que a su vez resume tratados anteriores. Sin embargo, hacemos numerosas adiciones y discrepamos en algunos puntos.

[3] Observa Lope en su *Arte nuevo de hacer comedias en este tiempo:* «Lo trágico y lo cómico mezclado, / ... / harán grave una parte,

expone el conflicto, el segundo lo desarrolla o complica más, y el tercero lo resuelve [4]. Sin excepción, la Comedia se escribe en verso. La versificación se distingue de la del teatro contemporáneo en el resto de Europa por su gran variedad de metros: por lo regular, se cambia de verso de veinte a cuarenta veces en una obra. Los metros empleados son los mismos de la poesía lírica, siendo el verso básico el octosílabo castellano. Este predominio del verso corto aumenta la rapidez de la acción y así suministra un vehículo apropiado para un teatro de mucho movimiento y poca reflexión.

La estructura de la Comedia suele ser, en general, compleja. A veces, por ejemplo, la acción se divide en dos hilos narrativos, con personajes distintos; cada hilo se desenvuelve independientemente durante un tiempo, uniéndose cuando sus protagonistas traban contacto. En muchas comedias hay intrigas secundarias que se relacionan orgánica o temáticamente con la acción principal, examinando la misma realidad desde ángulos de visión distintos [5]. Otra manera de analizar los problemas enfrentados por los personajes se realiza a través de cuentecillos intercalados. Además, hay algunos episodios y cuentecillos que ninguna relación directa guardan con la acción o tema, y sirven sólo un propósito de diversión o de crear un trasfondo apropiado. Las tramas suelen inspirarse en la literatura, las leyendas y la historia de España, y también en otras literaturas europeas, antiguas y modernas. Quizá la fuente más socorrida sea la *novella* italiana, género muy parecido a la Comedia en sus temas, personajes, situaciones, motivos, recursos narrativos y su actitud ante la vida.

Los tres grandes temas de la Comedia son el amor, el

---

otra ridícula: / que aquesta variedad deleita mucho» (vv. 174-78). Citamos por la edición de H. J. Chaytor, *Dramatic Theory in Spain* (Cambridge, 1925), págs. 15-29.

[4] En las palabras de Lope, «En el acto primero ponga el caso, / en el segundo enlace los sucesos, / de suerte que hasta el medio del tercero / apenas juzgue nadie en lo que para» *(Arte nuevo*, vv. 298-301).

[5] Diego Marín, *La intriga secundaria en el teatro de Lope de Vega* (Toronto-México, 1958).

honor y la religión. Asunto principal de la mayor parte de las obras es el amor. Trátase de un amor sensual, nada platónico; la atracción entre hombres y mujeres es física, no espiritual. Aunque el amor es sobre todo físico, no se adopta una actitud amoral hacia él; raras veces se llega al adulterio, y por lo normal éste se castiga de un modo fulminante. Los personajes nobles se enamoran a primera vista, y su efecto suele culminar en el matrimonio (aunque con frecuencia las parejas piensan más en cómo lograr su amor que en el casamiento, y esta solución viene impuesta por el protector de la dama). El amor siempre lleva aparejados los celos, lo cual da lugar a enredos múltiples y complicados.

Otro gran tema, generalmente enlazado con el amor, es la honra. Lope documenta su importancia en el *Arte nuevo* al decir: «Los casos de la honra son mejores, / porque mueven con fuerza a toda gente» (vv. 327-28). El código del honor rige todas las relaciones sociales, tanto entre las clases como entre los individuos. El honor consiste en el respeto y consideración que un hombre recibe de los demás, en razón de su virtud y la de sus antepasados. La honra vale más que la vida, la deshonra es peor que la muerte, pues dura eternamente, infamando también a los descendientes. Por eso se justifican los medios extremos, incluso el homicidio, para defender ese precioso bien. El honor tiene carácter eminentemente social, formando la base del armazón de la sociedad; todo hombre digno ha de ayudar a conservar este patrimonio común. Causa de muchos conflictos es la circunstancia de que la deshonra de una mujer afecta directamente al honor del hombre responsable de ella; la satisfacción del agravio corre por cuenta de él. Cualquier relación amorosa no aprobada mancha el honor de la mujer; la reparación se hace mediante el casamiento o, si esto es imposible, con la muerte de los culpables.

En contraposición al amor y el honor, la religión no suele ocupar un sitio tan predominante en la intriga misma de la Comedia. En la mayoría de las obras constituye un elemento de trasfondo, presente siempre en el pensamiento de los personajes. Pero hay además toda una categoría de comedias religiosas, urdidas sobre temas bíblicos, leyendas piadosas y vidas de santos.

El estricto ajustamiento al código del honor y a la religión (en la teoría al menos, si no siempre en la conducta), pone de manifiesto la orientación social de la Comedia. Esta se escribe invariablemente desde el punto de vista de la sociedad, dando un entero apoyo a sus instituciones aceptadas: la Iglesia, la monarquía, la organización social de clases, el matrimonio y la familia. La Comedia se muestra sumamente conservadora en su contenido ideológico, rechazando cuanto represente rebelión o disonancia. No se introducen situaciones o personajes que pongan en tela de juicio los valores sociales vigentes, excluyendo así posibilidades potencialmente muy dramáticas. Los conflictos surgen más bien cuando un individuo falta a alguno de sus deberes sociales. La acción de la Comedia generalmente consiste en un movimiento desde una situación de orden social hasta el desorden, con vuelta, al final, al orden [6]. Por lo regular, la introducción del desorden ocupa la primera mitad del drama, mientras que la segunda presenta la restauración de la paz social [7].

El conformismo social de la Comedia influye naturalmente en su repertorio de caracteres —ya observamos cómo se eliminan los personajes discordantes, precisamente aquellos que mayor interés sociológico provocan—. Al saber la categoría social de un personaje (rey, noble, villano, etc.), ya adivinamos sin más cómo reaccionará en una situación dada. O sea, por lo regular los personajes de la Comedia son *tipos* de conducta y reacciones previsibles; pocos son los verdaderos *caracteres* que se comporten de modo insospechado frente a los grandes problemas. Como la religión y el sentimiento del honor prescriben soluciones obligatorias para los dilemas más arduos, sobra el rasgo individualiza-

---

[6] Arnold G. Reichenberger, «The Uniqueness of the *Comedia*», *HR*, XXVII (1959), 303-16, especialmente 307.

[7] Lope alude a esta división bipartida en su *Arte nuevo*, v. 231. Muchas veces el episodio crucial de una pieza se sitúa en la mitad exacta.

dor [8]. La Comedia suele presentar al personaje en función de sus relaciones con otros individuos —es decir, se le analiza desde el punto de vista social—. El espectador conoce al personaje de la misma manera que a los extraños en la vida real: desde afuera, penetrando pocas veces en su castillo interior. Los típicos modos de caracterización en la Comedia son el diálogo y las acciones del personaje, además de las descripciones del mismo puestas en boca de otros. El soliloquio como manera de trazar el carácter se reserva por lo regular a los dramas más serios. Para la generalidad de las comedias, sobre todo las de asunto ligero, se considera de más interés analizar una personalidad a través de sus actos que mediante una penetrante mirada introspectiva.

Aun utilizando los metros líricos, no se destaca la Comedia por su lenguaje poético. La expresión suele ser más natural que en la lírica, al menos hasta la época de Calderón, cuando adquirió vigencia el estilo *culto*, lleno de sutilezas, metáforas, retruécanos, alusiones mitológicas e ingeniosidades. Por regla general, a un tono más serio o trágico en la obra corresponderá un estilo más poético. Sin embargo, lo normal durante el tiempo de Lope es el estilo llano y ligero; falta la poesía excelsa tan típica del teatro de Shakespeare, por ejemplo. Si el lenguaje predominante en la Comedia se acerca al uso diario, no faltan momentos de fino lirismo, en los cuales se detiene la acción para insertar un soneto, una canción popular o una glosa. (Fuera de la nota lírica que aportan, tales pausas tienen como cometido dramático variar el ritmo de la obra.) Por fin, hay que reparar que la expresión en verso contribuye a la ilusión teatral y permite el empleo de un lenguaje dignificado (con figuras de dicción, giros sintácticos y vocabulario rico), no admitido siempre en la prosa. O sea, al tiempo que impone

---

[8] Reichenberger, «The Uniqueness», pág. 311. El mismo autor señala que las soluciones impuestas por la religión y el honor explican la escasez de tragedias en el Siglo de Oro. Sin embargo, hay que recordar que para Lope y sus contemporáneos una obra puede ser tragedia sin tener un final calamitoso (idea expuesta por Ludovico Castelvetro en su difundido comentario a la *Poética* de Aristóteles, publicado en 1570).

una camisa de fuerza al dramaturgo, el verso lleva a éste a un uso más pleno del idioma.

La llaneza y naturalidad de la Comedia hacen que tenga un considerable valor arqueológico: las obras de Lope permiten reconstruir un detallado cuadro panorámico de los usos y costumbres de la época[9]. En cambio, los creadores de la Comedia no intentan recrear la atmósfera de otras épocas o países: los pensamientos y prácticas siempre reflejan los de la España contemporánea, aun cuando el drama se coloque en la Roma del siglo I.

No todo es realismo y naturalidad en la Comedia, sin embargo. Como todo género artístico, tiene convenciones que la apartan de la vida tal como es. Por ejemplo, los protagonistas casi siempre son jóvenes, nobles, agraciados, ricos y enamorados. La dama principal por lo regular es huérfana de madre (una convención aceptada en el drama europeo del tiempo, y también en el clásico); esta ausencia materna la suple una hermana, prima, amiga o criada. Un personaje raras veces omitido es el *gracioso* o *figura del donaire*. Descendiente de los esclavos fieles y chistosos de Plauto y Terencio, el gracioso sirve lealmente a su amo (normalmente el protagonista) al mismo tiempo que lo parodia y caricaturiza.

Igualmente convencional es la acción de la Comedia, compuesta de amor, celos y otras pasiones violentas, con su secuela de duelos, venganzas, homicidios y peleas con la justicia. Cuando faltan los actos de violencia, se los reemplaza con otros recursos socorridos: equívocos de identidad, disfraces, mujeres tapadas o vestidas de hombre, coches que se vuelcan, caídas de caballo, cuartos escondidos, casas con puertas a dos calles, etc., etc. De los varios tipos de comedia *(novelescas, de costumbres, históricas, religiosas, mitológicas*[10]*)*, la más convencional es la que más tarde cultiva extensamente Calderón, llamándola *de capa y espada.* Descen-

---

[9] Véase Ricardo del Arco y Garay, *La sociedad española en las obras dramáticas de Lope de Vega* (Madrid, 1942).

[10] Según la clasificación de Marcelino Menéndez Pelayo, *Estudio sobre el teatro de Lope de Vega,* Ed. Nacional (Madrid, 1949), I, páginas 7-10.

diente de la comedia *novelesca* o *de costumbres* de Lope, la comedia de capa y espada se integra casi exclusivamente con los elementos que se acaban de mencionar: los componentes que nunca faltan son amor, celos, equívocos y duelos. La mayoría de las obras de capa y espada de Calderón corresponde a una de dos tramas básicas: 1) unos enamorados tienen disgustos de celos a causa de equívocos de identidad, pero terminan reconciliados al enterarse de la verdad, 2) dos jóvenes solteros se enamoran, sin buscar la aprobación del tutor de la dama, el cual vuelve por su honra; se soluciona el dilema con el casamiento, arreglo que satisface tanto la pasión de los jóvenes como los pruritos honrosos del tutor.

De modo que la comedia cómica y amorosa viene a ser un subgénero en extremo homogéneo, con patrones fijos para el argumento y un arsenal casi inalterable de personajes, situaciones y recursos dramáticos. Cada obra nueva combina de manera distinta los motivos y episodios ya conocidos, posiblemente añadiendo un ingrediente novedoso, tomado a lo mejor de la inagotable cantera de la novelística italiana. Lo maravilloso es que, dado lo artificioso del proceso creador de la Comedia, durante todo un siglo el género produjera obras de primer orden, que se leen con deleite hasta el día de hoy.

MÉTODO DE APROXIMACIÓN A LA COMEDIA

Antes de pasar al examen detenido de *La francesilla,* no estará de más aludir brevemente a las bases de interpretación que habrán de tenerse en cuenta. Nuevos horizontes para el análisis de la Comedia se han abierto en estos últimos años con el estudio de Alexander A. Parker, *The Approach to the Spanish Drama of the Golden Age* [11]. En esta breve monografía el profesor Parker expone ciertos

---

[11] Londres, 1957. Revisado en 1970 bajo el título de «The Spanish Drama of the Golden Age: A Method of Analysis and Interpretation», en *The Great Playwrights,* ed. Eric Bentley (Garden City, 1970), I, páginas 679-707.

principios básicos que rigen la construcción de la Comedia, ilustrando tales principios con ejemplos concretos. Se pueden hacer objeciones o aclaraciones a algunas de las tesis de Parker (ya se han hecho [12]), pero los criterios que propone constituyen un método sumamente útil para analizar cualquier comedia.

Comienza Parker recordando que la característica más genérica de la Comedia consiste en ser un drama de acción, no de caracterización. Los autores de la Comedia no intentan presentar caracteres de gran originalidad, al estilo del drama clásico y del de Shakespeare; consideran más bien, basados en Aristóteles, que el interés primordial debe estribar en la trama. Como los dramaturgos han de trazar una acción llena de peripecias en un tiempo limitado, rara vez les quedará espacio para desarrollar plenamente los personajes. Salen los autores del paso sugiriendo apenas la sicología de sus personajes mediante unos toques clave, dejando que el espectador redondee mentalmente esta imagen. (La preponderancia de tipos en la Comedia, dicho sea de paso, facilita la tarea de completar la sicología individual.) La primera proposición de Parker se podría, por tanto, enunciar así: la Comedia no pretende delinear unos personajes bien acabados, sino una acción acabada. O sea, una acción con objeto definido, que revele un tema significativo. De este modo, las ideas esenciales de la obra (el tema) se comunican a través de la acción, no a través de los personajes.

El segundo principio de Parker, relacionado con el primero, es, en resumen, que la acción de la Comedia está supeditada a su tema. Esto vendría a justificar la subordinación de los personajes a la acción (principio I), puesto que la acción expresa el tema, y el tema es lo verdaderamente importante para el autor, según Parker. Este segundo prin-

---

[12] Véase en primer lugar R. F. D. Pring-Mill, «Los calderonistas de habla inglesa y *La vida es sueño:* Métodos del análisis temático-estructural», en *Litterae hispanae et lusitanae,* ed. Hans Flasche (München, 1968), págs. 376-89. Pring-Mill hace reparos muy agudos a las teorías de Parker, sin dejar de reconocer el inmenso valor de sus instrumentos de análisis; observa Pring-Mill que las ideas de Parker se aplican ante todo al teatro de Calderón.

cipio no ha encontrado la aceptación unánime de la crítica, sobre todo si se aplica a las comedias ligeras, en las cuales la acción tiene a todas luces más importancia que ningún juicio abstracto extraído de los sucesos (el tema). Lo esencial aquí, diríamos más bien, es recordar que cada obra tiene un tema que se desprende naturalmente de la acción. Tema y acción están inseparablemente vinculados y dependen el uno del otro: la acción consiste en unos sucesos concretos, mientras el tema es la verdad universal que se deduce de esos sucesos. O sea, el tema *generaliza* sobre la naturaleza o conducta humana, y la acción *particulariza* sobre lo mismo. Notemos que el tema no ha de ser necesariamente complicado o filosófico: para un crecido número de las comedias ligeras se reduce al sencillo concepto del «amor», o «el amor en conflicto con el honor».

La tercera proposición de Parker investiga aún más la relación entre la acción y el tema: declara Parker que la unidad dramática de la Comedia se encuentra en su tema, no en la acción. Como observamos antes, muchas comedias tienen una intriga secundaria, además de la principal. Parker señala que en las buenas comedias de este tipo, la segunda intriga ayuda a exponer la misma idea que la acción primaria; de este modo se logra unidad en el tema, ya que no en la acción. (Recordemos, no obstante, que algunas comedias tienen episodios accesorios sin relación directa con el tema, y cuyo propósito suele ser el de crear un ambiente propicio al espíritu predominante de la obra.)

Según la cuarta proposición de Parker, los argumentos de la Comedia están ideados de acuerdo con el principio de la justicia poética. Esto quiere decir que la virtud debe ser premiada y las malas acciones castigadas, y a la inversa, el malhechor necesariamente sufre castigo y éste no se da nunca sin culpa. Las sanciones impuestas varían grandemente en severidad desde la terrible condenación del alma (peor que la muerte misma) hasta el fracaso de las esperanzas de un personaje (en las obras cómicas, el castigo más corriente es la frustración de un casamiento deseado). En todo caso, salta a la vista que el principio de la justicia poética responde a un propósito moral. No cabe duda respecto a la validez general de esta tesis sobre la justicia poética, aunque convendría detenerse en ciertas excepciones. El mayor inconveniente se presenta en el género trágico: a la verdad, el concepto de justicia poética está reñido con el de tragedia cuando hay un protagonista moralmente bueno que padece un castigo desproporcionado a las faltas cometidas (es el caso de *El caballero de Olmedo*). La esencia de la tragedia de corte clásico consiste precisamente en que el espectador se queda indignado con la injusticia perpetrada [13]. También en un número apreciable de obras cómicas un personaje bueno (y por tanto simpático) ve frustradas sus esperanzas, mientras triunfa su contrincante [14].

Es de suponer que estos cuatro principios enunciados por Parker sean fundamentos seguidos conscientemente (con las excepciones notadas) por los escritores de comedias. En cambio, la quinta proposición del referido autor ha de considerarse más como una técnica de interpretación que como un precepto estético acatado sin más por los dramaturgos [15]. Se trata del concepto de «causalidad dramática», que ayuda a descubrir el tema, su relación con la acción, y el funcionamiento de la justicia poética. Aplícase este principio siguiendo la «cadena de la causalidad», o sea, trazando los sucesos en orden inverso desde el desenlace hasta su primera causa. Dicho proceso sirve para identificar tanto al protagonista como al antagonista, y para determinar el conflicto y su causante; sabiendo esto, se deduce más fácilmente el tema y el funcionamiento de la justicia poética.

Resumiendo esta apresurada exposición de las teorías interpretativas de Parker: si en algún aspecto se puede discrepar de las mismas, los cinco principios mencionados quedan en pie como instrumentos válidos y muy útiles para

---

[13] A. G. Reichenberger, «The Uniqueness», pág. 312. Pero añadamos en seguida que el héroe virtuoso siempre gana una victoria moral, aun cuando pierda en la batalla de la vida.

[14] Así la Marcela de *El perro del hortelano*, suplantada en sus amores por la antipática Diana, termina casándose con un hombre a quien no ama.

[15] Pring-Mill, «Los calderonistas», pág. 382.

cualquier intento de asedio a las comedias del Siglo de Oro. Y entremos ahora de lleno en el análisis de *La francesilla*.

ANÁLISIS DE «LA FRANCESILLA» [16]

Acto I

La obra comienza con una pequeña nota de misterio: Liseno acaba de relatar un «caso» al viejo Alberto, y éste se encuentra visiblemente alterado. Poco a poco se hace patente que el responsable de la ira de Alberto es su hijo Feliciano, inclinado sin remedio a la vida alegre y despreocupada, sobre todo al juego y las mujeres. El diálogo de esta primera escena no sólo cumple la función de exponer los antecedentes del «caso» del joven y apasionado Feliciano: al tiempo que Alberto y Liseno trazan el carácter del joven, van revelando aspectos básicos de sus propias personalidades. Así, el espectador (o lector) se da cuenta de que Alberto idolatra el dinero hasta el punto de ocuparse en negocios tan turbios como la usura y la engañosa mohatra (vv. 49-52). Ni qué decir que semejantes actividades desdoran la fama de cualquier persona, cuanto más la de un noble; el espectador práctico se percata de que tal personaje no ha de tomarse muy en serio en lo futuro. Al contrario, Liseno se dibuja como un hombre sincero, verdaderamente interesado en el bienestar de su amigo y su hijo; se le caracteriza además como de buen índole, consejero fiel y de recto sentido común.

La exposición de antecedentes ocupa únicamente los primeros versos de la escena inaugural, y se hace con tal habi-

---

[16] En las páginas sucesivas se observará el siguiente método: primero exponemos los sucesos y los comentamos minuciosamente; luego analizamos cada acto desde la perspectiva de su conjunto; y por fin examinamos la obra en su totalidad. Tal método tiene el inconveniente de incurrir necesariamente en repeticiones, pero ofrece la ventaja de seguir el proceso natural de la lectura. Aconsejamos al estudioso que lea nuestra crítica a medida que va avanzando en el texto de *La francesilla;* de esta manera, cada problema quedará comentado (¡ojalá!) en el momento en que surge.

lidad que el espectador casi no se da cuenta de ello. En contraste con otros dramaturgos (Calderón en muchas de sus comedias, por ejemplo), Lope domina la técnica de la exposición rápida y clara. En *La francesilla* su acierto consiste en representar la acción desde su principio, evitando la necesidad de que los personajes narren acontecimientos ya sucedidos. En realidad, las noticias que ha de saber inicialmente el espectador de *La francesilla* se reducen a unos breves rasgos acerca de la conducta y carácter de Feliciano. Establecido esto, en unos 125 versos, todo está dispuesto para entrar en la acción propiamente dicha.

Mientras Alberto y Liseno están tratando de Feliciano, éste se asoma con su lacayo, Tristán; vienen hablando de amores, su habitual ocupación. Alberto echa en cara a Feliciano su falta de juicio, y dispone que parta luego a Francia a luchar en la guerra contra los protestantes. El viejo queda impasible a los ruegos de Feliciano y de su hija Leonida a favor de éste; ante la resolución irrevocable de su progenitor, ha de conformarse el infeliz hijo. Feliciano se despide de su querido Madrid en un soliloquio muy a propósito en su función dramática de refrenar el vertiginoso ritmo que ha asumido la acción hasta este punto. A continuación Tristán parodia las ideas de su amo, cumpliendo así una práctica inveterada en la figura del donaire.

Para el siguiente episodio (vv. 406 y sigs.) hay cambio de tiempo y lugar: han pasado días (o hasta semanas), y se traslada el escenario a León de Francia (Lyon). Si las primeras escenas han abocetado el carácter del protagonista, la presente hace otro tanto con la heroína, la bella y graciosa Clavelia, que aparece directamente ante los ojos del espectador, sin introducción ni caracterización previa. Sus palabras son igualmente directas, aludiendo en primer término al problema del honor —el envés de la manía de Feliciano, pues en la Comedia amor y honor son conceptos inseparables, aunque muchas veces antitéticos—. O sea, al presentar por vez primera a sus protagonistas, Lope les carga con el problema que ha de abrumarles en lo venidero: la carga que oprime a Feliciano es la pasión amorosa, mien-

28

tras que la cuita de Clavelia —como toda joven apetecible en la Comedia— es la del honor. Esto es, al introducir a sus personajes principales, Lope les transfunde los temas de la obra; los trabajos que han de afrontar los héroes no vienen impuestos desde afuera, sino que surgen de sus propias almas. Feliciano y Clavelia son, para usar la metáfora del refrán, el fuego y la estopa (cfr. vv.1410-11 y nota); sólo con entrar en contacto irrumpirá el ardiente paroxismo de amor.

Sólo Feliciano será fuego para Clavelia y, por más que sople el demonio de la entrometida dueña Dorista, aquélla será fría nieve para todo amante que no sea el predestinado. Puesto que su hermano Teodoro ha descuidado casar a Clavelia, se encarga de ello la celestinesca criada. Con diabólica persuasión Dorista procura despertar la llama del amor en Clavelia; ante el fracaso, Dorista reacciona con vigor, llegando a meter en casa a dos pretendientes de Clavelia, Filiberto y Leonardo (vv. 510 y sigs.). Se esconde Filiberto al llegar Leonardo, y luego éste se oculta al entrar Teodoro. En su apresuramiento, Dorista esconde a los dos enamorados en el mismo cuarto, con el consiguiente embrollo y nota cómica, dignos de una *novella* italiana.

Si durante mucho tiempo Teodoro ha andado remiso en el casamiento de su hermana, el muy insensato acuerda poner ahora un remedio instantáneo. Sin consultar con Clavelia, Teodoro ha arreglado su casamiento con un amigo, Otavio, que ni la conoce ni es conocido por ella. Teodoro presenta Otavio a Clavelia, arranca el consentimiento obligado de ella, firma las escrituras matrimoniales (sirviendo de testigos los amantes escondidos), y se despide de su hermana —todo en pocos minutos (vv. 750-837)—. Teodoro es un vendaval que desciende sobre su casa por unos momentos y luego desaparece, dejando a su hermana en poder de la tentación viva, Dorista. Pero el que obra con tanta precipitación y torpeza en asuntos tan delicados como el amor, tendrá después tiempo de sobra para arrepentirse. Al prometer en matrimonio a su hermana sin consultarla previamente, Teodoro viola el principio neoplatónico, frecuentemente expuesto en las comedias de Lope, de que el amor

29

ha de ser una correspondencia de afectos [17]. Dado este principio, tan aceptado en la literatura renacentista, el espectador ya prevé que va a irle mal a Teodoro en su determinación de casar a Clavelia sin tener en cuenta su gusto [18].

Apenas levanta vuelo Teodoro cuando llega Feliciano a León. Se pone a galantear a Clavelia en cuanto la divisa, llevado de su costumbre, pero esta vez se queda traspasado de amor al tratarla de cerca; igual le sucede a ella. Como es lo regular en la Comedia, los protagonistas se enamoran a primera vista; su pasión será fulminante y arrolladora, con urgencias de consumación física sin dilaciones. Dorista piensa engañar a Feliciano, ofreciéndole la posesión de la doncella por mil escudos, pero sin intención de entregársela realmente; Clavelia, en cambio, se propone aprovechar la oportunidad para lograr plenamente su amor.

Este primer acto está atiborrado de acción; pocas jornadas introductorias albergan tanto movimiento, tanto personaje principal y sucesos varios. La trama se escinde en dos hilos: el primero arranca de la tentativa de Alberto de corregir la vida disipada del enamoradizo Feliciano; la segunda hebra retrata los amores de Clavelia con distintos pretendientes. Se unen estos hilos conductores hacia el final del acto, cuando se conocen los protagonistas y se amartelan. El conflicto de la obra —la pugna entre el honor y el amor— ha quedado claramente sugerido, pero está todavía en ciernes porque su pleno desarrollo se reserva para la acción futura. Según su práctica usual, Lope recalca desde el comienzo del drama ciertas palabras clave que aluden al tema antes de plantearse éste en los sucesos mismos: al salir a la escena Clavelia, se muestra en extremo preocupada por su honor, dando cierto énfasis a conceptos como «la puerta cerrada / a billetes», el hermano que «es marido / en razón

---

[17] *Fuenteovejuna*, vv. 381-82; *El caballero de Olmedo*, vv. 1-2 y 10; *El mayor imposible*, v. 1705; etc. Cervantes reitera insistentemente la misma idea; cf. Américo Castro, *El pensamiento de Cervantes* (Madrid, 1925), págs. 145-55.

[18] Se da un caso paralelo en *La noche de San Juan*, donde don Luis y don Bernardo ajustan los casamientos de sus hermanas sin hacer caso de sus sentimientos; sin embargo, las hermanas terminan imponiendo sus deseos.

de su respeto», el «hombre honrado y discreto» que «trae el honor al oído», y su «fama» que no ha de sentir «alguna flaqueza» (vv. 406-15).

No obstante la importancia otorgada al honor, el tono predominante del acto I es alegre e irresponsable. Gran parte de la comicidad deriva del vocabulario y alusiones picantes, así como de situaciones evocadoras del amor sensual. Tanto la acción como el trasfondo, el lenguaje y las imágenes hacen suponer que Feliciano y Clavelia consumarán su amor entre los actos, y entonces surgirá en serio el problema del honor ultrajado de Teodoro.

Como todo dramaturgo, Lope concibe su obra en *episodios* o fragmentos de acción que no coinciden con el concepto moderno de escenas (división introducida por primera vez en las ediciones del xix), ni con los cambios de metro. Cada episodio puede considerarse como un sillar —un trozo de acción separable de lo que le precede y sigue, y que se junta con otros episodios para plasmar un todo—. Los episodios pueden formar parte de la acción principal, de la acción secundaria, o pueden constituir material ilustrativo o accesorio, no estrictamente necesario en el desarrollo del drama. Para analizar la estructura de una comedia, conviene apreciar cómo el autor ha ensamblado los episodios.

RESUMEN POR EPISODIOS DEL ACTO I

Episodio	Versos	Acción	Número de versos
1	1-129	Preocupación de Alberto y Liseno con Feliciano	129
2	130-187	Caracterización de Feliciano	58
3	188-309	Alberto regaña a Feliciano y lo manda a la guerra	22
4	310-405	Feliciano y Tristán se despiden de Madrid	96
5	406-517	Caracterización de Clavelia	112
6	518-749	Amores de Filiberto y Leonardo con Clavelia	232
7	750-837	Teodoro concierta el casamiento de Clavelia con Otavio	88

Episodio	Versos	Acción	Número de versos
8	838-898	Feliciano y Tristán recuerdan a Madrid y sus amoríos	61
9	899-1049	Se enamoran Feliciano y Clavelia ...	151
			1049

Episodios esenciales: 1-3, 5, 7, 9.
Episodios accesorios: 4, 6, 8.

La jornada empieza, como ya se observó, con la exposición de antecedentes del protagonista (episodio 1) y con su caracterización (núm. 2). Estos episodios son primordialmente estáticos, pero su contenido es esencial a la obra. Se inicia el movimiento dramático en el episodio 3, con la acción enérgica de Alberto. De manera que al comienzo del acto se agrupan tres episodios de acción esencial. Mas a partir de este punto van alternándose episodios de contenido accesorio (los núms. 4, 6 y 8) con otros de contenido importante (núms. 5, 7 y 9). Es notable que los episodios accesorios se componen de material principalmente cómico. Con el último suceso del acto, la acción alcanza su punto de máximo interés, dejando así al espectador muy deseoso de presenciar la continuación.

Acto II

El tono del comienzo de la segunda jornada contrasta notablemente con el del final del acto anterior: éste rebosaba optimismo, amor y alegría, en tanto que la presente escena respira pesimismo, tristeza y desengaño. Feliciano y Tristán expresan su desilusión y amargura a través de alusiones clásicas; esta empresa intelectual dista mucho de sus habituales maneras de expresión, y, por tanto, no sorprende que Feliciano se equivoque varias veces (cfr. versos 1072-77 y notas). Tristán, en cambio, hace gala de cultura legítima al utilizar un emblema de Alciato para afirmar su creencia de que Dorista y Clavelia son un par de rameras (cfr. v. 1095 y nota).

Con ánimo afligido y mohíno llegan los españoles a un mesón, cuyo dueño da salida a su exuberante buen humor en unos versos esdrújulos que tal vez cuenten entre los más expresivos de la poesía castellana (vv. 1130-84). El encomio que hace el hostalero de su posada y sus deleites culinarios constituye un verdadero *scherzo;* su gracia y donaire vienen muy a pelo para hacer resaltar la depresión de sus huéspedes. Al mismo mesón llegan Teodoro y Otavio, por habérseles olvidado en casa unos papeles, y convidan a comer a Feliciano. El les cuenta la causa de su melancolía: ha gozado a una dama, burlando la vigilancia de su dueña, pero ésta se las ha ingeniado para quitarle mil escudos. Como remate de su relación, Feliciano menciona los nombres de las mujeres, con lo cual los franceses se quedan estupefactos. Sumamente efectista ha sido el final de la historia: hasta lo último (suponemos), los oyentes se han solazado, mas al oír nombrar a su hermana y futura esposa, se les agria trágicamente el chiste. Con todo, Teodoro y Otavio se contienen en seguida, disimulando su rabia y despecho; planean vengarse matando a ambos amantes, y para esto se ofrecen a prestar dinero a Feliciano si vuelve con ellos a casa.

Ahora el escenario se muda a León, donde Clavelia cuenta a la asombrada Dorista que adora al español y le ha ofrendado su virginidad. Dorista ofrece remediar esta falta, pero Clavelia no se casará sino con Feliciano. En esto llegan Teodoro y Otavio con el español. Este hace saber a Clavelia su situación, y los dos obran de acuerdo para convencer a los ofendidos de que el engaño se debe a otras mujeres.

Hasta aquí la acción del acto II ha sido abundante y sustancial. Pero el ritmo se acelera más aún desde el momento en que los pretendientes burlados de Clavelia reaparecen en su casa sin permiso (vv. 1585 y sigs.); ella esquiva sus quejas y se vale de ellos para avisar a Feliciano cómo ha de escaparse de su hermano y de su prometido. Los ingeniosos embrollos que urde Clavelia para deshacerse de los galanteadores y servirse de ellos (vv. 1642-1740) recuerdan las estratagemas típicas de la novela griega. Mientras tanto,

Feliciano señala cuál es la dama que realmente (dice) lo engañó: acusa a Elisa, la prometida de Teodoro, lo cual motiva una acalorada pendencia (vv. 1939-93); el español aprovecha la coyuntura para zafarse. Cuando Feliciano recoge un caballo que le ha enviado Clavelia, se encuentra con ésta, vestida de lacayo y lista para seguirle; huyen juntos.

El acto II, al igual que el primero, es muy movido, con numerosísimos incidentes y peripecias, pero sin dirección fija hasta lo último. Clavelia y Feliciano han consumado su amor y deben sufrir ahora las consecuencias de su conducta irreflexiva y desenfrenada —Clavelia se ve sin honra, Feliciano sin dinero—. Ninguno tiene idea de cómo resolver su dilema. En su momento de pasión no pensaron más que en satisfacer sus deseos físicos, y ahora no sabe el uno si el otro corresponde o no su afecto espiritual. Feliciano se aleja de Clavelia, convencido de que ha sido víctima de un engaño, cuando un encuentro casual con el hermano de ella lo lleva al descubrimiento de que Clavelia lo ama entrañablemente. Sólo hacia la conclusión de la jornada logran los amantes ponerse en contacto, comunicarse sus sentimientos y emprender la huida.

En cierto modo, las andanzas de Feliciano y Clavelia en este acto —separación forzosa, esfuerzos frustrados para encontrarse hasta que el azar los une, junto con el asedio de amantes rechazados— son los ingredientes típicos de la novela griega (bien que falta por completo el tema helénico de la castidad). Estas aventuras continúan, claro está, el hilo de los amores iniciado en el acto I. Por el momento, se ha omitido referencia a la situación que dio origen a este hilo narrativo: la preocupación de Alberto por la corrección de su hijo.

La segunda hebra narrativa —la del honor— se ha desarrollado aún más que la amorosa en esta segunda jornada. El conflicto del honor ultrajado se impone a los incidentes ligeros, prestando un matiz grave al ambiente que envuelve a los protagonistas. El tono general de este acto, en comparación con el primero, es más triste y sombrío (aunque la escena postrera vuelve al optimismo anterior, prefigurando el espíritu del acto III). Lo que empezó como comedia pura ha adquirido visos de posible calamidad. Este mismo desarrollo de comedia a tragedia (con vuelta a la comedia en la última jornada) se halla en otros dramas bien conocidos de Lope (verbigracia, *Las ferias de Madrid, La noche de San Juan* y *El acero de Madrid*).

Contemplada la intriga del acto II desde la perspectiva de Teodoro y Otavio, se apreciará que para ellos los acontecimientos constituyen un enigma imposible de descifrar. Como sucede a otros muchos maridos o parientes burlados en los dramas de honor, para ellos la realidad es un concepto que se les escapa; su visión parcial los obliga a oscilar constantemente entre acertadas y vanas conjeturas.

En cuanto a estructura, la segunda jornada es más compleja que la primera:

RESUMEN POR EPISODIOS DEL ACTO II

Episodio	Versos	Acción	Número de versos
1	1050-1129	Feliciano relata su posesión de Clavelia y separación; se cree engañado por ella	80
2	1130-1184	El hostalero y sus genialidades	55
3	1185-1243	Teodoro y Otavio llegan al mesón; convidan a Feliciano a cenar	59
4	1244-1345	Feliciano relata su aventura amorosa.	102
5	1346-1381	Los franceses planean su venganza ...	36
6	1382-1453	Clavelia cuenta su amor a Dorista ...	72
7	1454-1489	Teodoro y Otavio vuelven a casa con Feliciano	36
8	1490-1524	Feliciano describe su situación a Clavelia	35
9	1525-1561	Feliciano engaña a los franceses respecto a su amorío	37
10	1562-1585	Clavelia y Dorista comentan el caso.	24
11	1586-1641	Vuelven Filiberto y Leonardo a requebrar a Clavelia	56
12	1642-1741	Clavelia aprovecha a estos pretendientes para enviar un recado a Feliciano.	100
13	1742-1894	Feliciano sigue engañando a Teodoro y Otavio, acusando a Elisa de liviana	153

Episodio	Versos	Acción	Número de versos
14	1895-1937	Clavelia avisa a Feliciano del peligro en que se halla	43
15	1938-1993	Teodoro y Otavio riñen con Elisa ...	56
16	1994-2033	Fuga de Feliciano y Clavelia	40

984

Episodios esenciales: 1, 3-10, 13-16.
Episodios accesorios: 2, 11-12.

Cuando ocurren en un drama sucesos difícilmente representables en el escenario, el autor puede colocarlos eventualmente entre las jornadas y hacer que un personaje los narre luego. Tal sucede al comienzo del segundo acto, donde cuenta Feliciano, al dar a conocer su desengaño, que gozó el amor de Clavelia (episodio 1). Tras esta revelación fundamental, sobreviene un interludio de gran interés intrínseco, pero que en nada adelanta la acción: la introducción del estrambótico hostalero (núm. 2). Luego prosigue una larga serie de aventuras importantes (núms. 3-10), al fin interrumpidas por dos incidentes accesorios (núms. 11-12). Los episodios finales, como de corriente, narran hechos imprescindibles (núms. 13-16). A lo último, la evasión de Feliciano y Clavelia suministra la nota dramática que garantiza el interés del espectador en la próxima jornada.

Muchos de los segundos actos de Lope se caracterizan por su pobreza de acción importante, suplida por enredos innecesarios para el desarrollo. No así el acto II de *La francesilla:* de un total de 984 versos, 773 sirven para adelantar la acción, y tan sólo 211 pueden clasificarse de accesorios. O sea, la proporción de versos «activos» es el 79 por 100. Como en la jornada I, los incidentes accesorios tienen una función primariamente chistosa.

Acto III

La última jornada se inicia en la misma forma que la primera: en Madrid, con un diálogo entre Alberto y Liseno, desvelados por Feliciano. Pero si Alberto estaba antes furioso con su hijo, ahora está arrepentido, pues no ha tenido noticias de él desde que partió; el enternecido viejo teme que lo hayan matado. En esto llegan dos peregrinos franceses: Teodoro y Otavio, que según resulta luego, vienen en busca de la venganza. Teodoro da una alegría a Alberto contándole cómo conoció a Feliciano en Francia. A pesar de la amable hospitalidad que les dispensa Alberto, los franceses resuelven que Teodoro vengará su ofensa mediante el *quid pro quo*, esto es, pidiendo en matrimonio a Leonida, hermana de Feliciano, para dejarla luego burlada (versos 2258-86). Agradecido por su amistad con Feliciano y seducido sobre todo por la añagaza de sus abundantes bienes, Alberto concede su hija a Teodoro, previas las informaciones usuales. Tal precipitación para casar a su hija (sin consultarla) parece mal a Liseno; el consejero de Alberto tiene el interés adicional de estar enamorado de Leonida desde tiempo atrás. Liseno decide frustrar el matrimonio proyectado denunciando a los franceses como espías.

A continuación regresan a Madrid Feliciano y Clavelia, después de haber «el mundo peregrinado» (v. 2389); aunque no lo dicen, es de suponer que ya se les han acabado los mil escudos de Teodoro. Clavelia, todavía vestida de lacayo, despierta una pasión explosiva en Julia, una criada querida por Tristán (situación que, dicho sea de paso, gozaba de considerable popularidad en la época, como veremos más adelante; la sugerencia de un amor lesbiano —cosa insólita entonces— producía gran hilaridad en el público). Feliciano echa en cara a Tristán la infidelidad de su amada, desquitándose así de las burlas de su lacayo al mismo respecto en la jornada I (vv. 866-71).

Al momento de reunirse Feliciano con su padre, viene la justicia a prender a los franceses por espías; vale la pena notar que los alguaciles se expresan en graves versos sueltos (vv. 2500-38)[19].

Las escenas se suceden rápidamente. El vejete Alberto,

---

[19] La misma estrofa aparece en boca de los alguaciles en *Las ferias de Madrid*, vv. 3182-96, y en *Amar sin saber a quién*, vv. 54-97.

antes tan inquietado por los amoríos de su hijo, revela tener sus propios puntos y ribetes de libidinoso: subconscientemente adivina que el lacayo francés es mujer, y juguetea con él en forma poco decorosa (vv. 2561-85). Apenas se va el viejo cuando Leonida también manifiesta haber caído bajo el encanto mágico del lacayo. Luego Clavelia y Feliciano mantienen con Leonida una conversación llena de alusiones de doble sentido (vv. 2604-46), y a continuación el mozo fingido provoca la lubricidad de Leonida (vv. 2657-82) y Julia (vv. 2682-2711). Clavelia pareciera poseer un hechizo o aroma afrodisíaco, pues los que la van conociendo —tanto mujeres como hombres— pierden el recato natural y se van tras ella como gatos en celo.

Luego de tanta escena picante, sobreviene el contraste del amor casto de Liseno por Leonida. Todos los factores espirituales favorecen su pretensión —buen amigo de Alberto (como lo fue antes su padre), nacido en la misma calle, de probidad y carácter bien conocidos, sinceramente enamorado de Leonida, etc., etc.— pero el avaro Alberto, contra todo sentido de justicia, prefiere al rico de Francia.

Movida por celos del lacayuelo, Julia cuenta que el mozo está abrazando a Leonida. El iracundo y siempre ridículo Alberto intenta matar al lacayo, hasta que Tristán lo disuade con la revelación de que es mujer. Entonces Alberto pasa al otro extremo, queriendo poseerla cuanto antes.

Feliciano arregla la libertad de los franceses. Teodoro corresponde reclamando su honor perdido; Feliciano contesta que no robó a Clavelia y ni siquiera la conoce (versos 2968-69) —respuesta asombrosa, ya que la palabra de un caballero debe valer como el oro. Teodoro concluye que Feliciano mató a Clavelia, y jura asesinarlo como pueda. Ante circunstancias tan extremas, Feliciano decide casarse con su amante (por lo visto, su afirmación anterior de inocencia se debía a su indecisión); Teodoro acepta esta solución con alborozo y, a su vez, tomará por mujer a Leonida. Como sucede con frecuencia en la Comedia, hacia el final cunde el furor del yugo matrimonial: Tristán pide la mano de Julia, y Alberto ofrece la de su sobrina (que ni aparece en la obra) a Otavio, para que éste se quede en

España. Así se componen las diferencias entre españoles y franceses.

Contenido obligado de la última jornada en cualquier drama es la resolución del conflicto. Este se ha definido en los actos I y II de *La francesilla* como una contienda entre el amor de unos solteros y el honor del hermano de la dama. La solución de rigor para tal dilema es el casamiento de los amantes. El tono de comicidad predominante en la obra (actos I y III, sobre todo) confirma al espectador en que *La francesilla* no será excepción a la regla: definitivamente, se casarán Clavelia y Feliciano, realizándose el final feliz. Como este desenlace se adivina a más tardar desde comienzos del acto III, el autor se ve obligado a buscar otros elementos para mantener el interés del público hasta última hora. El recurso utilizado lo constituyen, de una parte, los equívocos y picantes amoríos de Clavelia con Julia, Leonida y Alberto; de otra, la fracasada afición casta de Liseno por Leonida. Estos amores ocupan casi la mitad del acto —seguro indicio de lo poco que queda ya por resolver en el argumento principal.

Si es enteramente previsible la resolución de la intriga central (el triángulo amoroso Feliciano-Clavelia-Otavio), no lo es la del triángulo secundario, los amores de Teodoro, Leonida y Liseno. Como ya se ha observado, lo natural sería que Alberto casara a su hija con su buen amigo y asesor, no con el extranjero que originariamente la pidiera con la sola intención de vengarse alevosamente en ella. La explicación de esta anomalía parece ser el hecho bien sabido de que el público de Lope era muy capaz de irse del teatro en cuanto veía claro el desenlace de una obra [20]. Por consiguiente, nos es dado suponer que Lope planeara este segundo episodio amoroso con miras al apetecido elemento de sorpresa. Resulta, pues, que el propósito del triángulo amoroso secundario es el de suplir el ya perdido interés del triángulo principal, cuyo desenlace estaba por demás previsto. Debido a esto urdió Lope los amores de Teodoro, Leonida y

---

[20] Lope comenta esto en su *Arte nuevo,* vv. 234-39.

Liseno totalmente en el acto III: así transfería el interés sorpresivo del primer triángulo al segundo.

Esta interpretación del casamiento de Leonida con Teodoro surge desde dentro de la obra misma, si bien más como un ardid para suplir otro defecto que como un episodio con lógica interna y relación orgánica con la obra total. Había además otros motivos, de índole totalmente exterior a la economía del drama mismo: el deseo del autor de apoyar y celebrar el reciente mejoramiento en las relaciones de España con Francia (véase el v. 2127 y nota), y la influencia de una fuente (examinada más adelante). Sin embargo, al supeditar su arte a motivos externos, Lope infringió uno de los principios rectores de su teatro: la justicia poética.

Los episodios del acto III son los siguientes:

RESUMEN POR EPISODIOS DEL ACTO III

Episodio	Versos	Acción	Número de versos
1	2034-2090	Preocupación de Alberto y Liseno por Feliciano	57
2	2091-2253	Llegan a Madrid Teodoro y Otavio; hablan de Feliciano	163
3	2254-2333	Se concierta la boda de Teodoro con Leonida	80
4	2334-2359	Amor de Liseno por Leonida	26
5	2360-2424	Llegada de Feliciano y Clavelia	65
6	2425-2451	Julia se enamora de Perote (Clavelia).	27
7	2452-2499	Clavelia y Feliciano se enteran de la presencia de Teodoro y Otavio en Madrid	48
8	2500-2560	Los alguaciles se llevan a los franceses por espías; comentario sobre esto	61
9	2561-2585	Alberto queda impresionado con Perote	25
10	2586-2676	Leonida se enamora de Perote	91
11	2677-2714	Los amores de Julia con Perote	38
12	2715-2825	La pretensión de Liseno a Leonida ...	111
13	2826-2883	Los amores de Leonida con Perote ...	58
14	2884-2928	La furia de Alberto con Perote, y luego su amor al saberla mujer	45

Episodio	Versos	Acción	Número de versos
15	2929-3077	Teodoro reclama su honor a Feliciano; las bodas	149

1044

Episodios esenciales: 1-5, 7-8, 12, 15
Episodios accesorios: 6, 9-11, 13-14.

Como en el acto II, el primer suceso importante de la tercera jornada ocurre en el intermedio antes de subir el telón: esto es, Feliciano y Clavelia han eludido el porfiado acoso de Teodoro y Otavio. Tal hecho sólo se insinúa al cabo de unos 150 versos (vv. 2186 y sigs); el propósito de demorar la relación de cómo se resolvió el emocionante lance es, obviamente, el de crear suspensión dramática (al mismo tiempo, se atiende a la economía narrativa resumiendo *a posteriori* unos incidentes prolijos).

Salta a la vista que la narración de unos acontecimientos ocurridos entre dos actos viene a ser, en el fondo, la misma técnica seguida en la exposición de antecedentes al comienzo de una obra. Admitido esto, constatamos que la estructura del acto III es casi idéntica a la del primero: después de la acción previa a la jornada, se concentran en su principio varios episodios esenciales (núms. 1-5). Luego hay una alternancia de incidentes omitibles (núms. 6, 9-11 y 13-14) con otros substanciales (núms. 7-8, 12 y 15); como antes, los incidentes susceptibles de omisión contienen materia cómica (pero de naturaleza amorosa, de acuerdo con las intrigas principales). Todos los actos tienen en común la característica de concentrar al comienzo y al final la acción más importante.

Estructura general

Pasemos ahora a examinar la estructura de los tres actos desde otra perspectiva, la de las relaciones entre los personajes —relaciones integradoras de una estructura en extremo complicada—. Trátase básicamente de una intriga prin-

41

cipal, otra intriga secundaria y varias intrigas terciarias o accesorias. La acción principal consiste en los amores no legítimos de Feliciano y Clavelia, y las consiguientes tentativas de Teodoro para vengar su afrentado honor. Pero este enredo tiene varios aditamentos que lo complican: 1) los amores de Feliciano con Arminda; 2) los otros pretendientes de Clavelia, sobre todo Filiberto y Leonardo, y 3) el casamiento impuesto a Clavelia por Teodoro. De manera que la intriga principal acusa tres triángulos amorosos en lugar de uno, lo normal en la Comedia. La acción secundaria consiste en el triángulo amoroso Teodoro-Leonida-Liseno. Pero dicha intriga aparece únicamente en el acto III; antes (jornadas I y II) se desarrolla extensamente el noviazgo de Teodoro con Elisa. Además, Leonida se enamora (acto III) del lacayo Perote y tiene como rival en esta pasión a su criada, Julia. Finalmente, se desenvuelve otra intriga amorosa, de interés accesorio, entre el *gracioso* Tristán y Julia (actos I a III). Y para terminar la obra, se otorga la mano de una dama desconocida a Octavio. El resultado es una estructura sumamente complicada, con un despliegue de ocho triángulos amorosos, nada menos. Podrían conceptuarse éstos gráficamente en la siguiente forma:

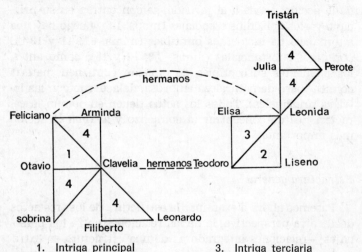

1. Intriga principal
2. Intriga secundaria
3. Intriga terciaria
4. Intriga accesoria

O sea, la acción consiste en ocho triángulos amorosos, cuatro relacionados con la intriga principal y cuatro con la secundaria. Los triángulos de la intriga principal y la secundaria están ligados por dos vínculos: estas ataduras son de sangre y también de honor, ya que el protagonista de cada intriga tiene una hermana en el otro triángulo.

Los enredos matrimoniales de *La francesilla* ejemplifican una constante estructural de la Comedia: el uso de la simetría. Tanto en la intriga principal (triángulo Feliciano-Clavelia-Otavio) como en la secundaria (triángulo Teodoro-Leonida-Liseno), la pasión erótica de un joven hace peligrar el honor del hermano de la dama deseada, pero el conflicto se resuelve mediante el casamiento. Además, los triángulos de ambas intrigas se vuelven cuadrados cuando se considera la presencia de unas novias (Arminda y Elisa) abandonadas por los protagonistas. Y cada cuadrilátero está contrapesado por otros dos triángulos amorosos. Los paralelismos resultantes de semejantes simetrías permiten comparaciones y contrastes de carácter y situación, técnicas básicas en la Comedia. Muestras adicionales de la tendencia a la simetría en *La francesilla* se hallan en la introducción de los personajes en parejas: Alberto aparece con Liseno, Feliciano con Tristán, Clavelia con Dorista, Filiberto con Leonardo, y Teodoro con Otavio. Se trata de otro procedimiento usual en la Comedia y cuyo fin es el de establecer diálogos, manera expresiva mucho más ágil y natural que el monólogo [21]. Con todo, esta plétora de personajes, intrigas y duplicaciones sobrecarga la acción de la obra, complicándola excesivamente. Se trata de un defecto propio del escritor que todavía no ha alcanzado el pleno dominio de la técnica dramática.

---

[21] En el drama anterior a Lope, los personajes se expresan frecuentemente en monólogos, aun en presencia de otros interlocutores, método primitivo y torpe, por cierto. En el campo de la novela, *Don Quijote* supone un avance considerable sobre los libros de caballerías debido al constante dialogar de don Quijote y Sancho, con lo cual se reemplaza el razonamiento o monólogo interior del héroe relatados por el autor.

La francesilla rebosa alegría, comicidad y un gusto incontinente por la vida. Como ya se ha reiterado, el tema consiste en un conflicto del amor sensual con la honra, conflicto resuelto luego con el triunfo tanto del amor como del honor, o por mejor decir, con su reconciliación. Tal suele ser la solución de rigor en las obras cómicas que tratan esta pugna; recuérdense *La dama boba, El acero de Madrid* o *La noche de San Juan,* para mencionar sólo unas piezas bien conocidas de Lope. El amor de Feliciano y Clavelia es francamente sensual, como pone en evidencia su entrega mutua a las pocas horas de conocerse. Pero este erotismo lleva aparejado un hondo afecto espiritual, porque al año de andar juntos los jóvenes se aman tan tierna y frenéticamente como la primera noche. Es verdad que durante este año Feliciano no considera la posibilidad de consagrar su amor en el matrimonio, pero enfrentado a la necesidad de casarse o huir, vacila poco en aceptar la solución convencional.

El desenlace característico de la Comedia consiste en una o más bodas. Sin embargo, *La francesilla* representa un caso algo extremado, ya que remata con nada menos que cuatro casamientos. De los cuatro, dos (los de Feliciano con Clavelia y Tristán con Julia) son enteramente naturales, la culminación de un largo proceso de amores. Pero los otros dos resultan artificiales, como impuestos por razones ajenas a la motivación dramática. Así el matrimonio de Teodoro: éste abandona a su amada novia Elisa para casarse con una mujer a la que en principio pensaba seducir sólo por vengarse. Y Otavio celebrará nupcias con una dama que nunca ha visto —ni siquiera oído nombrar—. Huelga insistir en lo artificioso de estos casamientos, cuya explicación principal radica, según se indicó arriba, en un motivo ajeno a la lógica interior de la obra: celebrar la mejora de las relaciones entre España y Francia. Para festejar la tregua de Chalons y la conversión de Enrique IV de Francia al catolicismo (en septiembre de 1595, unos seis meses antes de la composición de *La francesilla),* Lope incurre en la inverosimilitud de casar a unos franceses con desconocidas, poniéndolos en el trance de optar por una patria también desconocida. Nada se dice sobre la suerte de la desdichada Elisa: suponemos que seguirá esperando hasta hoy que Teodoro le cumpla su palabra de casamiento. Como Liseno, Elisa es víctima inocente del matrimonio mal pensado de Teodoro con Leonida: ambos sufren castigos severos sin culpa alguna, con lo cual queda (otra vez) malparado el principio de la justicia poética[22].

¿Qué hemos de pensar de esta alocada premura por casarse, patente en los personajes de *La francesilla* y en la Comedia generalmente? Está claro que la misión biológica del hombre y la mujer es la procreación; la propagación de la especie constituiría asimismo un deber religioso, ya que Dios dijo a Adán y Eva «Procread y multiplicaos, y henchid la tierra...» (Génesis I, 28). Desde el punto de vista natural y devoto, el principal objetivo en la vida de todo ser humano (excepto los religiosos) sería, por tanto, casarse y tener hijos. Los jóvenes se enamoran por instinto natural, y la hermosura de la mujer sirve para atraer a los hombres al estado de matrimonio. Añádase a esto la tradición literaria, corriente desde el amor cortés y reforzada por el Renacimiento italiano, de que el amor es una fuerza ennoblecedora. Visto a esta luz, el amor tan predominante y llamativo en la Comedia no deja de tener respaldo teológico e instintivo, amén del estrictamente literario; sería inconsecuente tildarlo de pasatiempo frívolo. Claro, no queda del todo justificada la ligereza maquinal de semejantes acoplamientos.

A no dudarlo, todas las sociedades occidentales, antiguas

---

[22] Particularmente llamativa es la extrema humillación de Liseno (vv. 2794-2804) cuando cree concertado su enlace con Leonida, para quedar muy pronto desengañado. Liseno expresa su profundo dolor más tarde: «Mi vida se desconcierte, / acabe el discurso de ella, / no viva más mi desdicha» (vv. 2937-39). Más adelante veremos que el casamiento por dinero también queda sugerido por una de las fuentes de *La francesilla*. Notaremos además que tal situación viene a coincidir, a grandes rasgos, con un episodio en la vida del poeta, bien que en el nivel de amorío. Otra infracción de la justicia poética: Dorista no padece castigo por su robo de los mil escudos ni por sus tercerías.

y modernas, han concebido el matrimonio como destino natural y meta ardientemente deseada por la juventud; en esto la Comedia se suma a la común tradición. Pero lo que puede extrañar al lector moderno es el valor simbólico del casamiento en la Comedia (y también en los otros géneros contemporáneos), pues viene a representar el punto final de las aventuras. Autor y público saben que tras la coyunda, nada interesante sucederá: los casados tendrán hijos y se dedicarán a la vida tranquila y doméstica, la cual no tiene historia dramática. Muy al contrario ocurre en algunos dramas modernos, donde las aventuras *empiezan* con el matrimonio. En la Comedia, sin embargo, las bodas serán la culminación de los lances en una obra cómica; si se da un casamiento al principio, generalmente sobrevendrán amores ilícitos y la pieza será trágica. La Comedia jamás se plantea la cuestión de si los casamientos a veces precipitados y arbitrarios urdidos al final de las obras, serán felices; como no existía el divorcio en aquel entonces, no había otro remedio que la conformidad (o el trágico abismo del adulterio).

Un aspecto de *La francesilla* que no puede menos de llamar la atención es el acendrado patriotismo desplegado. Tal sentimiento es de lo más característico del teatro de Lope: nadie como él cantó las glorias de España, sin aludir jamás a los graves problemas que afrontaba la nación[23]. En algunos dramas Lope alaba su patria a costa de los demás países, pero en *La francesilla* evita las comparaciones, siempre enojosas. Más bien emplea la técnica, usada también en otras obras, de «introducir a un español en un medio extraño, en el que se impondría y donde podía ejercitar el irresistible magnetismo de su carácter nacional»[24]. Lope regala el oído de sus compatriotas poniendo alabanzas de lo español en boca de sus enemigos recientes, los franceses. Los elogios son indirectos, dirigiéndose hacia el protagonista español, de quien se ponderan el talle, honradez, discreción,

---

[23] Véase Gino de Solenni, *Lope de Vega's «El Brasil restituido»,* *Together with a Study of Patriotism in his Theater* (Nueva York, 1929), págs. xxx-lxix, y Arco y Garay, *La sociedad,* págs. 55-65.
[24] Arco, *La sociedad,* pág. 56d.

juicio y valor (respectivamente vv. 945-46, 1033-34, 1564-66, 1583-84 y 1728-29). Es digno de nota que los españoles corresponden en la misma moneda, encareciendo la hermosura y gracia de la heroína francesa (cfr. vv. 899-901, 914-15, 921, 1302, 2033, 2426, 2563). Así es que el patriotismo español tiene su contrapartida en la expresa simpatía por los franceses; lejos de ser sentimientos antitéticos, como es lo usual, vienen a complementarse. Las bodas de Feliciano y Clavelia, por tanto, reflejan en miniatura las nuevas relaciones amistosas entre España y Francia.

Los personajes

Antes se observó que la Comedia no se destaca por el estudio de los caracteres, sobre todo en las piezas cómicas, porque el interés predominante se carga sobre la acción. Debe notarse, sin embargo, que la mayoría de los personajes de Lope reciben no sólo los toques que los definen como un tipo conocido, sino la suficiente caracterización individual para diferenciarlos de sus hermanos comunes. Así sucede con los personajes de *La francesilla:* cada uno pertenece a una categoría corriente, pero casi todos poseen además ciertos rasgos que les dan personalidad propia. Veámoslos uno por uno.

Feliciano es el joven galán enamorado, el tipo más común —junto con su correspondiente dama— de la Comedia. Su inclinación al juego y las mujeres lo individualizan un poco, pero no alcanzan a sacarlo del casillero común. Lo que le confiere carácter particular no es el cariz heroico —lo normal en un protagonista— sino sus flaquezas: su recaída inmediata en el vicio de las mujeres, acabando de ser castigado por ello, su conducta menos que valerosa en los confrontamientos con los franceses, su falta a la promesa de pagar el préstamo de Teodoro, su negación de haber robado a Clavelia, las pequeñas vacilaciones para decidirse a huir con la francesa y luego para casarse con ella, etc. La suma de estos rasgos da un hombre de carne y hueso, poco gallardo pero muy verosímil. De las creaciones de Lope, una

47

que se le parece bastante por su falta de cualidades eminentes es don Fernando, el protagonista de *La Dorotea*.

De fibra espiritual más recia es Clavelia. Esta empieza como un tipo de dama bastante corriente: preocupada por su honra, asediada pero desamorada. Como todas las desamorosas de la Comedia, acaba por amartelarse, pero lo hace con originalidad, entregándose al amado en la primera ocasión. En lo de disfrazarse de hombre para seguir a su amante, Clavelia se clasifica como tipo, mas su picardía al excitar eróticamente a una dama, su criada y un vejete acentúa de una manera peculiar su carácter. Siendo mujer, Clavelia demuestra más resolución que Feliciano: ella es quien lo salva de su hermano, arregla su huida y logra que él la lleve consigo. Tal fortaleza en la mujer y flojedad en el hombre recuerdan pasajes de la novela griega, donde asimismo es activa la heroína y pasivo el héroe.

Muy distinto de la abulia de Feliciano se perfila el dinamismo de Teodoro y Otavio, pero su hombría no los salva de ser puros tipos literarios, galanes pundonorosos que reaccionan como por instinto para vengar una deshonra. En lo que sí muestran novedad es en su interpretación del honor: Otavio, contra la teoría española, afirma que a él le incumbe la deshonra de su novia y no al hermano (vv. 1770-71); luego Teodoro quisiera que la deshonra de su novia fuese de su hermana (vv. 1838-52), siendo el último caso mucho más grave que el primero. Posiblemente estas divergencias se deban a la nacionalidad de los franceses (¿quiere Lope significar que éstos no entienden de honra?). De todas maneras, en España ya saben que la infamia de la mujer recae sobre el hermano y no sobre el prometido (vv. 2272-77).

Acaso sea el viejo Alberto el personaje más singular y mejor desarrollado de *La francesilla*. Desde el principio Lope lo trata con antipatía; no obstante ser de valor positivo su papel (un padre preocupado por la disipación de su hijo), Lope lo ridiculiza presentándolo como un hombre por demás avaro; en el acto III esta tacha produce un efecto previsible, pues Alberto casa a su hija por consideraciones económicas, despreciando la virtud de Liseno. La situación del amante simpático suplantado por razones de dinero trae en seguida a nuestra memoria los amores de Lope con Elena Osorio, reflejados en innúmeras de sus comedias con profusión de variantes [25]. Posiblemente se trata de un lejano recuerdo de los amores juveniles del dramaturgo: Alberto correspondería a Jerónimo Velázquez, el que amancebó a su hija Elena Osorio con un rico forastero, despreciando a Lope. Entendido así, se explicarían los episodios que caricaturizan a Alberto, mostrándolo como miserable y vejete verde [26], y se justificaría también el evidente despego del autor hacia Leonida, capaz de prendarse de un simple lacayo. De todas formas, Alberto resulta ser un personaje altamente divertido, claro precedente del *figurón*, un sujeto totalmente extravagante y ridículo.

Poco hay que agregar acerca de Leonida, figura por entero pálida excepto cuando se derrite por el lacayo. Tristán es el típico *gracioso*, lleno de chistes y decires, aficionado al vino y al jamón, siempre listo a parodiar a su amo al mismo tiempo que le da consejos prácticos. Juzgado intrínsecamente, Tristán convence como personaje, pero una comparación con sus congéneres revela que se parece a ellos como un huevo a otro [27]. Lo mismo puede decirse de

---

[25] Véanse Edwin S. Morby, «Persistence and Change in the Formation of *La Dorotea*», *HR*, XVIII (1950), 108-25 y 195-217, y José Manuel Blecua, ed. *La Dorotea* (Madrid, 1955), págs. 32-42.

[26] Por otra parte, tales rasgos se dan también en un personaje de *Gl'Ingannati*, una fuente de *La francesilla*, como luego veremos. Trátase de uno de tantos casos en que coinciden vida y literatura.

[27] Mucho se ha escrito acerca de Tristán, a consecuencia de la declaración de Lope en su dedicatoria de la versión impresa de *La francesilla* (reproducida en nuestro Apéndice) de que «fue la primera [comedia] en que se introdujo la figura del donaire...» El hecho es que aparecen graciosos en varias comedias anteriores a *La francesilla* (cf. J. H. Arjona, «La introducción del gracioso en el teatro de Lope de Vega», *HR*, VII [1939], 1-21, y Joseph H. Silverman, «Lope de Vega's *figura del donaire*. Definition and Description», tesis doctoral inédita, University of Southern California, 1955, págs. XIII, XXIV-XXV, 728-33). El mejor estudio de conjunto sobre el gracioso (aunque no menciona a Tristán) es el de José F. Montesinos, «Algunas observaciones sobre la figura del donaire», en *Estudios sobre Lope de Vega*, 2.ª ed. (Madrid, 1967), págs. 21-64. Sobre el gracioso en general, véase Barbara Kinter, *Die Figur des Gracioso im spanische Theater des 17. Jahrhunderts* (Munich, 1978).

Dorista: figura genial en sí, la rebajamos inconscientemente de categoría al considerarla como derivación de un modelo famoso. Al igual que Celestina, Dorista se precia de ser tercera en amores prohibidos, hechicera, componedora de virginidades perdidas y, en general, una leal sirvienta de Venus. Filiberto y Leonardo son indistinguibles el uno del otro, típicos pretendientes rechazados. Tal vez sea el Hostalero el personaje más inspirado de la pieza, pero su limitada intervención no le permite desarrollarse plenamente. Recapitulando, se podría decir que los personajes de *La francesilla* pertenecen en su conjunto a la galería de tipos de la Comedia y al mismo tiempo la mayoría de ellos no deja de tener algún rasgo que le preste carácter propio.

Fuentes

Anteriormente observamos que la manera habitual de construir una comedia novelesca consiste en la combinación de ciertos personajes, episodios y motivos convencionales, introduciendo acaso un componente nuevo tomado de la *novella* italiana. La descripción cuadra perfectamente a *La francesilla*. Ya hemos documentado lo típico de algunos personajes y situaciones; falta señalar de dónde provienen ciertos elementos novelísticos que proporcionan la novedad tan imprescindible en cualquier comedia destinada a triunfar en las tablas.

La fuente principal de *La francesilla* (ignorada hasta ahora) se halla en la *novella* 45 de *Il Novellino* de Masuccio Salernitano, como pondrá de manifiesto una detallada síntesis de su argumento:

1) El joven y virtuoso Alonso de Toledo queda rico y solo a la muerte de su padre, un caballero de renombre. Alonso decide seguir estudios doctorales en Bolonia y a ese propósito se dirige a Italia con gran acompañamiento y con mil florines de oro en el bolsillo. Pasando por Aviñón, se prenda fulminantemente de la bella y joven Laura al verla en su ventana, y comienza a pasearle la calle. Ella resuelve robar al joven y envía a una vieja criada para que

le hable. Se concierta la entrega de Laura por los mil florines, y Alonso la goza aquella noche. Los amantes fijan otra
cita para la noche siguiente, pero no le abren la puerta a
Alonso; el amartelado joven saca en conclusión que lo han
engañado y se aflige sobremanera. Habiendo quedado sin
dinero, Alonso vende su mula para poder seguir viaje.

2) Por el camino Alonso se aloja en un mesón al cual
llega el marido de Laura. Este pregunta al hostalero si hay
allí algún gentilhombre que lo acompañe a comer, según
costumbre de los franceses. El mesonero le cuenta de Alonso y su gran melancolía; el marido lo convida a cenar y
hace que relate la causa de su aflicción. El desdichado esposo se da cuenta de que su mujer es la culpable, pero sin
decir nada de eso ofrece proveer a Alonso de todo lo necesario para que prosiga su viaje y estudios; a este efecto el
agradecido Alonso vuelve a casa con él. El español se aterra
al ver que su casa es la misma de Laura.

3) Comen juntos los tres. Al cabo de la terrible cena
el marido pide a Laura los mil florines y se los devuelve a
Alonso; luego hace que éste pague a la malmaridada un du-
cado por su prostitución. Jurando a Alonso que no ofenderá
su persona, el esposo burlado le aconseja que no vuelva a
enredarse con rameras. Por la noche el caballero venga su
honor envenenando a la mujer; al día siguiente regala un
caballo a Alonso y lo trata magníficamente, como si fuera
su hijo.

Salta a la vista que esta *novella* suministra el núcleo
central del argumento de *La francesilla*. El cuento de Masuccio se divide naturalmente en tres partes, las cuales corresponden aproximadamente a los tres actos de la comedia. O sea, en las primeras jornadas de Masuccio y Lope se
introduce al protagonista español, éste emprende un viaje
a Italia, llevándose mil ducados, se enamora en Francia de
una bella joven, dando todo su dinero para gozar sus favores, y al verse engañado, vende su caballería para proseguir
el viaje (en Lope estos últimos episodios ocurren entre los
actos I y II). En las segundas jornadas de la *novella* y la
comedia, el protagonista llega a un mesón, acepta la invita-
ción de un francés a cenar y le explica el motivo de su me-

lancolía, este francés resulta ser el protector de la dama gozada (aunque no lo dice), él lleva al español a su casa y remedia su fortuna, y se asombran los amantes de verse tan inesperadamente reunidos. De aquí en adelante las dos acciones difieren por completo, ya que la tercera jornada será trágica en Masuccio y feliz en Lope.

No menos importantes que la materia imitada por Lope son los cambios que introduce. Tomando como núcleo principal la esencia del cuento italiano (el amorío del español con la francesa, el engaño y pérdida de los mil ducados y la inadvertida relación de lo sucedido al pariente de la dama), Lope inventa un comienzo y un final totalmente distintos, cambiando por entero el carácter de los protagonistas. (La interdependencia de acción y personajes en la Comedia determina que un cambio de carácter haga necesaria una modificación de los incidentes, y viceversa.) Probablemente su punto de partida fue la decisión de que el desenlace fuera feliz (es notoria la preferencia de Lope por las soluciones cómicas [28]; el ejemplo más conocido es su alteración de la fuente italiana para conseguir un desenlace bienhadado en *Castelvines y Monteses*, obra correspondiente a la tragedia *Romeo y Julieta* de Shakespeare). Para merecer una conclusión dichosa, los personajes tienen que ser virtuosos, al menos relativamente. Esto presupone una metamorfosis total en el carácter de la adúltera y avara protagonista de Masuccio: por eso Clavelia no está casada (sino prometida), y no tiene codicia de los ducados de su pretendiente ni deseos de engañarlo. La avidez de Laura se transfiere entonces a su vieja criada, y la heroína de Lope se enamora sinceramente. De esta manera Lope transforma a la protagonista originariamente corrupta y odiosa en una persona simpática y virtuosa; yendo todavía más lejos, Lope hace a Clavelia digna de lástima, puesto que su hermano quiere casarla sin consultar su gusto. Al mismo tiempo, Lope acentúa las características negativas de la anciana sirvienta de su heroína, haciendo a Dorista codiciosa y hechi-

---

[28] Véase E. S. Morby, «Some Observations on *tragedia* and *tragicomedia* in Lope», *HR*, XI (1943), págs. 207-9.

cera, amén de alcahueta; la criada de Masuccio es una figura pálida y pasiva, mero instrumento de su ama, mientras
que Dorista es un demonio desencadenado (paradójicamen-
te, resulta simpática y divertida, a pesar de su maldad,
coincidiendo en esto con Celestina). Un proceso inverso se
advierte en los cambios introducidos en el protagonista
masculino de Lope. En el cuento italiano, Alonso es un
mozo probo e inocente que por desgracia cae en la tentación. Ya hemos visto que Feliciano es todo menos esto, siendo un jugador y galanteador empedernido. Sin embargo,
éstos son pecados veniales, devaneos frecuentes en los jóvenes, como señala Liseno. Así es que en su caracterización
Lope ha invertido los polos de Masuccio, haciendo virtuosa
a su protagonista femenina e imperfecto al masculino.

Otra innovación fundamental incorporada por Lope consiste en la escisión del marido burlado de Masuccio en dos
figuras, el hermano y el prometido de la dama. La permu-
tación del marido era imprescindible si la pieza iba a ser
cómica; los amores extramatrimoniales de una casada im-
ponían una conclusión infausta (o alternativamente, un tratamiento burlesco del honor). Al cambiar el marido en un
hermano y un novio de la dama, Lope lograba otro propósito: la posibilidad de una segunda intriga (el triángulo Teodoro-Leonida-Liseno), y a la vez un rival para completar un
triángulo amoroso con los protagonistas (Feliciano-Clavelia-
Otavio). Nótese que al bifurcarse el esposo en dos hombres
distintos, uno de ellos recibe el interés amoroso del marido, y el otro se encarga del problema de su honor. Queda,
pues, bien claro que el cuento de Masuccio proporcionó el
modelo para la acción principal de *La francesilla,* que la
intriga secundaria evolucionó naturalmente de aquélla (mediante el reemplazo del esposo) y que las demás intrigas
fueron agregadas a este núcleo central.

Más compleja es la cuestión de otra fuente italiana, la
que suministró inspiración para el disfraz de Clavelia y
sus consiguientes amores burlescos con Leonida, Julia y
Alberto. Los antecedentes literarios del episodio son numerosos. El punto de arranque es la regocijada y francamente libidinosa comedia titulada *La Calandria* del carde-

nal italiano Bernardo Dovizi de Bibbiena, representada en 1513. Bibbiena adapta de los *Menechmos* de Plauto el tema de los gemelos que causan grandes confusiones debido a su apariencia idéntica. Las novedades de Bibbiena que interesan para el presente caso son los siguientes motivos: 1) uno de los gemelos es niña, 2) se enamora una mujer de esta joven, viéndola vestida de hombre, 3) se prenda un viejo del gemelo varón, al pensar que es mujer, 4) una dama se viste traje masculino para seguir al amado. La desbordante comedia de Bibbiena tuvo una larga descendencia, aunque principalmente a través de la comedia *Gl'Ingannati* compuesta por los miembros de la Academia de los «Intronati» de Siena en 1531 [29]. *Gl'Ingannati* conserva los mismos motivos anotados en *La Calandria* (combinando los motivos 1 y 4), agregando otro que interesa para *La francesilla:* un novio quiere castigar a un paje al saber que ha besado a su amada, pero se calma al enterarse de que es una joven vestida de lacayo (en Lope, el novio se convierte en el padre de la dama). *Gl'Ingannati* tuvo gran influencia en la literatura europea: imitaciones directas son la *Comedia de los engañados* de Lope de Rueda y la *novella* II, 36 de Matteo Bandello; los amores de Felismena en *La Diana* de Jorge de Montemayor (libro II) pueden haber procedido directamente de *Gl'Ingannati* o a través de Bandello, y la *Duodécima noche* shakespeariano se basa en última instancia en la comedia sienesa. Sin duda, Lope conocía tanto *Gl'Ingannati* como sus derivaciones en Ariosto, Bandello, Rueda y Montemayor. Todos estos tratamientos tienen en común los motivos de la mujer que se viste de hombre para seguir al amado (situación comunísima en la *novella* y el teatro italiano [30]) y la dama que se enamora de esta disfrazada

---

[29] Sobre la *Calandria* y *Gl'Ingannati,* véase Douglas Radcliff-Umstead, *The Birth of Modern Comedy in Renaissance Italy* (Chicago, 1969), págs. 143-55 y 195-201, con abundante bibliografía. Al parecer, el episodio de Bradamante, Ruggiero y Fiordispina en el *Orlando furioso* de Ariosto (canto XXV) también deriva de Bibbiena, aunque los comentaristas suelen omitir tal mención.

[30] Cf. D. P. Rotunda, *Motif-Index of the Italian Novella in Prose* (Bloomington, 1942), motivo K1837, y Radcliff-Umstead, *The Birth*, página 147.

por creerla hombre. Sin embargo, en Ariosto y Montemayor falta el motivo del viejo enamorado, y sólo en *Gl'Ingannati* se encuentra el asunto del hombre que desea castigar al paje atrevido que resulta ser mujer. No cabe duda, por tanto, de que la fuente principal de Lope es *Gl'Ingannati* [31].

Lope transforma considerablemente el material recibido de la comedia italiana. Su mayor innovación consiste en la fusión de los mellizos en una sola figura femenina; así evita dos asuntos harto escabrosos de *Gl'Ingannati:* 1) una seducción llevada a cabo por el gemelo, aprovechándose del parecido con su hermana, y 2) el amor de un viejo por el mellizo, al creerlo mujer. La seducción se metamorfosea en los amores burlones y relativamente inocentes de Clavelia con Leonida y Julia [32]. Restos del amor cuasi-homosexual del viejo en *Gl'Ingannati* se traslucen en la atracción de Alberto hacia Perote, pero Lope aclara que su anciano presiente el verdadero sexo del paje. Otra modificación feliz es la atribución al vejete del disgusto con el paje por sus atrevimientos con su hija (papel asumido por un novio

---

[31] Carmen Bravo-Villasante, *La mujer vestida de hombre en el teatro español* (Madrid, 1955), pág. 83, afirma que la fuente de *La francesilla* se halla en Ariosto; se trata de uno de los innumerables errores de este estudio, lleno por otra parte de datos útiles. La larga reseña de este libro por B. B. Ashcom, *HR*, XXVIII (1960), 43-62, trae muchas enmiendas, adiciones y bibliografía. Otros estudios no mencionados por Ashcom: Charles H. Stevens, *Lope de Vega's «El palacio confuso»* (Nueva York, 1939), págs. XIII-XXIII; Edmund V. de Chasca, *Lope de Rueda's «Comedia de los engañados»* (Chicago, 1941); Fernando de Castro Pires de Lima, *A Mulher Vestida de Homem* (Coimbra, 1958), libro más farragoso aún que el de Bravo-Villasante, pero con datos adicionales; Geoffrey Bullough, *Narrative and Dramatic Sources of Shakespeare,* II (Londres y Nueva York, 1958), págs. 270-85 y 535-36. Ninguno de estos estudios recoge las referencias de Pero Mexía en su *Silva de varia lección* (ed. Madrid, 1933-34, I, págs. 57-59) sobre una mujer disfrazada que llegó a ser papa (la papisa Juana) y otra que reinó como emperador. Otro hecho que parece ignorarse a lo que se ve: la prohibición de vestirse las mujeres de hombre (interdicción hecha frecuentemente en España y otros países europeos en los siglos XVI y XVII) deriva de Deuteronomio, XXII, 5, y de Santo Tomás de Aquino, cuestión 169 de la *Secunda secundae* (véase Emilio Cotarelo y Mori, *Bibliografía de las controversias sobre la licitud del teatro en España* [Madrid, 1904], página 381).

[32] Esta duplicación en los amores de ama y criada tiene un paralelo en la deshonesta *novella* III, 7 de Bandello.

en *Gl'Ingannati)*. Los deseos de Alberto de poseer a Clavelia reflejan los grotescos pruritos de un viejo por casarse con la joven gemela. Además, en *Gl'Ingannati* aparecen dos viejas criadas con rasgos celestinescos, las cuales vienen a reforzar la figura análoga de Masuccio, encarnada luego en Dorista. El impar hostalero de Lope fue inspirado por dos mesoneros joviales de *Gl'Ingannati* (acto III, esc. 2), los cuales celebran sus respectivos alojamientos y enumeran entre sus delicias gastronómicas algunas de las mismas viandas que alaba el huésped español: pichón, vitela y salchichón. Es notable que para cuatro de sus personajes (Clavelia, Dorista, el hostalero y Alberto), Lope funde dos figuras de *Gl'Ingannati* en una sola. Otra influencia de la comedia sienesa ayuda a explicar el problema de la falta de justicia poética en *La francesilla:* el hecho de que Alberto case a su hija por dinero refleja unos arreglos proyectados (pero no realizados) en *Gl'Ingannati* [33].

Del análisis anterior se desprende que los únicos motivos de *Gl'Ingannati* retenidos sin cambio por Lope son los de la joven disfrazada de paje para seguir al amado, y la dama que se enamora de este mozo fingido. Los demás motivos y pormenores han sido transmutados libremente para formar una unidad orgánica con la materia tomada de Masuccio. Precisamente en esta fusión de elementos tomados de fuentes tan dispares, se aprecia la maestría técnica de Lope. Como en el caso de Shakespeare y otros grandes dramaturgos, el conocimiento de las fuentes del Fénix no rebaja nuestro aprecio de su destreza, antes bien lo aumenta: los magnos escritores son artistas que saben aprovechar fragmentos de creaciones anteriores para inventar su propio mundo de fantasía.

---

[33] Otro detalle suelto de *La francesilla* procedente de la comedia italiana: la referencia al saco de Roma (vv. 852-53). No percibimos en Lope ningún pormenor tomado exclusivamente de los tratamientos del tema por Bandello y Ariosto. La única deuda del Fénix con Lope de Rueda son dos nombres: *Clavelia* y *Julia* derivan de *Clavela* y *Julieta*.

La francesilla figura entre las muchas comedias de Lope que, poseyendo considerable interés y valor estético, no han merecido hasta la fecha ni una edición cuidada ni un estudio crítico. El mayor impedimento para la realización de ediciones correctas de Lope (y otros dramaturgos de su época) es la falta de autógrafos: de sus 316 comedias auténticas que se conservan, tan sólo unas 43 existen en versiones autógrafas [34]. Cuando se carece de autógrafos, la mejor fuente para textos fieles se encuentra en copias hechas directamente sobre aquéllos. Para Lope hay una colección de 32 copias de esta clase, realizada en 1762 por un tal Ignacio de Gálvez, sobre autógrafos probablemente existentes en el archivo del duque de Sessa [35]. Aunque se conservan varios de los autógrafos copiados por Gálvez, hasta el día de hoy no se ha cotejado más que una copia de Gálvez directamente con el original. Esta tarea la ha realizado recientemente Hugh W. Kennedy[36], y su cotejo indica que las transcripciones de Gálvez adolecen de los pequeños descuidos usuales en los copistas [37]. Con todo, dichas reproducciones de autógrafos son infinitamente superiores a las versiones publicadas en las *Partes* (tomos de doce comedias, generalmente de un autor), las cuales se hacían muchas vces sobre malas copias de trabajo de los actores y en las que los impresores abreviaban libremente el texto

---

[34] Para todo lo relacionado con los textos atribuidos al Fénix, véase la magna obra de S. Griswold Morley y Courtney Bruerton, *Cronología de las comedias de Lope de Vega* (Madrid, 1968). Debe notarse, sin embargo, que este libro no agota la lista de todas las comedias atribuidas a Lope.

[35] Una pormenorizada descripción de estas copias, que incluyen dos comedias antes desconocidas, se halla en Agustín G. de Amezúa, *Una colección manuscrita y desconocida de comedias de Lope de Vega Carpio* (Madrid, 1945).

[36] En su edición crítica de *La desdichada Estefanía* (University, Mississippi, 1975), en notas al pie del texto y en las págs. 212-37. Consúltese también Arnold G. Reichenberger, edición crítica de *Carlos V en Francia* (Filadelfia, 1962), págs. 20 y 245-46.

[37] Además, es evidente que Gálvez moderniza la ortografía en sus copias, pues faltan formas usuales en Lope, como *efeto, aceto, deste, della, comigo,* etc.

para encajarlo en los límites de un espacio determinado. La *Parte* en que apareció *La francesilla* es la número XIII de Lope, publicada en Madrid en 1620 y reimpresa en Barcelona el mismo año. Lope aprobó la publicación de este tomo (lo mismo hizo con las *Partes IX* a *XX)*, pero sin vigilar la fijación de los textos. La versión de la *Parte XIII* es la única que se ha impreso de *La francesilla* hasta la fecha.

Por fortuna, *La francesilla* figura entre las comedias de Lope copiadas por Ignacio de Gálvez; la presente edición se basa en una reproducción fotográfica de esa copia. El texto de Gálvez contiene tantas variantes con respecto a la versión de la *Parte XIII* que puede considerarse, al decir de A. G. de Amezúa, como «nuevo y distinto»[38]. Esto es apenas un poco exagerado. El manuscrito de Gálvez trae 248 versos más que el texto de la *Parte XIII*, y ofrece variantes en aproximadamente la tercera parte de las líneas (dichas variantes pueden consultarse en nuestro Apéndice). Como casi siempre, la tarea principal de los modificadores consiste en acortar el original, comprimiendo algunos pasajes y omitiendo otros, no cuidando todas las veces de conservar el sentido. Unos versos se atribuyen a personajes equivocados. La mayoría de las mil y pico de variantes introducidas cambia levemente el significado, pero no lo suficiente como para alterar el esquema general del argumento. Como es lo usual, la versión de la *Parte* añade muchas acotaciones.

Examinemos un par de casos concretos para ilustrar cómo, en manos de los reformadores, el texto de Lope pierde no sólo sutilezas y matices de significado, sino además calidad artística. Tomamos como ilustraciones dos pasajes cortos del principio de la obra:

Gálvez	*Parte XIII*
Danle semejante nombre	También cuando mozo fuiste
por ser igual en ser hombre,	desas locuras hiciste,
que no igual en las costum-	y fue tu antigua costumbre.
[bres.	

---
[38] *Una colección manuscrita*, págs. 79-80.

Y no con tantos engaños
esta ecepción se limita,
que algunas creo que imita
que tuviste en verdes años.
(vv. 18-24)

Como se ve, la versión modificada resulta ser mucho más directa, sin las consideraciones universales y la delicadeza de expresión del original. Otro ejemplo:

Gálvez	*Parte XIII*
Tú, que el dinero idola- [tras, seguirás tu inclinación de codicia y ambición en usuras y mohatras. Pero un mozo cortesano, armas, damas, galas, juego. (vv. 49-54)	No es mucho que sea li- [viano, y gaste en amor y juego.

Aquí se omite totalmente la caracterización negativa de Alberto, un aspecto fundamental para la cabal apreciación de la obra. Muchos son los pasajes significativos así podados, sobre todo los que presentan una alusión clásica o folklórica; en cambio, nunca faltarán las escenas cómicas ni las expresiones de sal gorda.

La multitud de cambios introducidos en el original de Lope, y el tipo de modificaciones, demuestran claramente que la versión de la *Parte XIII* deriva de un texto estropeado por directores teatrales (llamados apropiadamente «autores de comedias»). Sin embargo, no se puede hablar propiamente de una sola versión de la *Parte XIII*, puesto que hay por lo menos tres ediciones ligeramente distintas. Las bibliografías aluden a una sola edición de Madrid, 1620, publicada por la viuda de Alonso Martín: en realidad, hay dos distintas, según revelan numerosas diferencias pequeñas de ejemplares pertenecientes a la Biblioteca Nacional de Madrid y el Museo Británico [39]. Es más correcto el texto del ejemplar de la Biblioteca Nacional. Otra edición madrileña que lleva la fecha de 1667 (en un ejemplar del Museo Británico) es en todo idéntica a la de 1620 perteneciente a la Biblioteca Nacional: seguramente se trata de un ejemplar suelto de la misma edición (una «suelta»), encuadernado con otras obras de 1667. La *Parte XIII* de Barcelona, 1620, parece derivar de la más correcta de las ediciones madrileñas. Casi tres siglos justos pasan antes de que se vuelva a imprimir *La francesilla,* en el tomo V de las *Obras de Lope de Vega* publicadas por la Real Academia Española (ed. Emilio Cotarelo y Mori, Madrid, 1918). Esta edición combina lecciones de las *Partes* de Madrid y Barcelona, produciendo un texto híbrido. Pocos años más tarde un estudiante norteamericano, Roy Cleveland Phillips, realiza un intento de edición crítica de *La francesilla*[40], tomando como base la buena versión de la *Parte XIII* madrileña, y anotando las variantes de las otras dos ediciones de 1620. Curiosamente, Phillips ignora la muy reciente edición de Cotarelo, y su lista de variantes es sólo parcial.

De lo anterior resulta manifiesta la importancia de la presente edición de *La francesilla.* Por primera vez se hace accesible al público el texto original de Lope, o al menos una copia fiel; sólo la inesperada aparición del perdido autógrafo superaría el traslado de Gálvez.

La copia manuscrita registra la fecha en que Lope terminó la pieza: el 6 de abril de 1596, estando en Madrid. *La francesilla* pertenece, por tanto, a la primera época de su autor: sólo se conocen unas 36 comedias auténticas de él anteriores a esa fecha. Dos particularidades ofrece el manuscrito de Gálvez. La primera consiste en la revelación de que Lope agregó a su texto primitivo los vv. 250-53,

---

[39] La filiación de las ediciones impresas de *La francesilla* ha sido estudiada por Roy Cleveland Phillips en la tesis citada más adelante. Podría agregarse que la Universidad de Pensilvania posee un ejemplar de la *Parte XIII* igual, aparentemente, al de la Biblioteca Nacional.

[40] «Critical Edition of *La francesilla,* a Drama by Lope de Vega», tesis doctoral inédita, University of Wisconsin, 1924.

482-85, 546-53, 626-29, 634-49, 666-69, 1393-1441, 1842-45 y 2611-14. Llama la atención que estas adiciones sean en general adornos cómicos, casi siempre de sabor erótico; una excepción constituyen los vv. 1393-1441 (también de tema erótico), porque exponen hechos esenciales (la entrega de Clavelia a Feliciano y su sincero amor por él). Observa Gálvez al final de su traslado: «Queda esta comedia copiada a letra como su original, anotando en estas últimas adiciones cuantas dudas, borradas y rayadas, se han encontrado en ella». O sea, Lope omitió algunos de estos aditamentos en su versión final, pero Gálvez no indica cuáles. Es notable que de estas adiciones, sólo los vv. 546-53 y 638-41 fueron omitidos por los reformadores en la *Parte XIII*. Otra curiosidad brindada por este manuscrito: los versos colocados por el poeta al final de los actos II y III, fuera del texto, en simpático coloquio con su obra. No conocemos más casos de este uso en Lope.

NORMAS DE TRANSCRIPCIÓN Y ANOTACIÓN

Hemos seguido las siguientes normas en la transcripción del manuscrito de *La francesilla:* actualización de la ortografía, siempre que no afecte la fonética (pero se mantienen las formas *estremada, ecepción,* etc.); modernización de la puntuación, acentuación y uso de mayúsculas; actualización de la grafía; separación de las palabras según el uso moderno; se deshacen las abreviaturas, incluso las de los nombres de personajes; se ponen en líneas distintas los parlamentos de diferentes interlocutores cuando integran fragmentos de un solo verso; se colocan las acotaciones en el texto mismo (en el manuscrito están en los márgenes); se corrigen las erratas evidentes sin anotarlas; se numeran los versos, señalando las estrofas mediante sangrías; se indican los *apartes* con paréntesis.

Las notas al texto se proponen aclarar problemas de lengua y alusiones históricas, folklóricas y literarias. Como este tomo se dirige a un público muy diverso, no vacilamos en explicar alusiones y voces familiares a los especialistas. Cuando se deja de especificar el autor de una obra en las notas, entiéndese que es de Lope. Para las referencias bibliográficas más citadas sólo retenemos el apellido del autor; así, *Gillet* alude al tomo III (Notas) de su magna edición de la *Propalladia, Rodríguez Marín* es referencia a su último comentario al *Quijote, Morby* se refiere a las espléndidas notas contenidas en su *Dorotea,* etc. Para aludir a las páginas y notas de las obras citadas frecuentemente se emplea un guarismo doble, separado por dos puntos; de esta forma, *Gillet, 65:8* designa la página 65, nota 8, de la obra de dicho erudito. En las notas, los números romanos normalmente denotan *tomos* de la obra citada, y los árabes, *páginas;* cuando hay referencia a *versos* o a *números,* generalmente se utilizan las abreviaturas *vv.* y *núms.* [41].

Sinopsis de la versificación

Acto primero

1-333	redondillas	333
	(octosílabo suelto: 165)	
334-405	romance *oe*	72
406-749	redondillas	344
750-805	octavas	56
806-837	sueltos	32
838-1049	redondillas	212
	Total	1049

Acto segundo

1050-1129	redondillas	80
1130-1184	sueltos (esdrújulos)	55
1185-1289	quintillas	105
1290-1345	romance *ea*	56
1346-1993	redondillas	648
1994-2017	sueltos	24
2018-2033	redondillas	16
	Total	984

[41] Nos es grato expresar aquí nuestro agradecimiento a la John Simon Guggenheim Memorial Foundation, cuya beca nos proporcionó tiempo para llevar a cabo tan dilatado proyecto, y a nuestro colega y amigo Carlos Ramos-Gil, por sus finas sugerencias estilísticas.

Acto tercero

2034-2289	redondillas	256
2290-2359	tercetos	70
2360-2499	redondillas	140
2500-2538	sueltos	39
2539-2714	redondillas	176
2715-2825	sueltos	111
2826-3077	redondillas	252
	Total	1044

Resumen general

Estrofas	Versos	Porcent.	Pasajes
Redondillas	2457	79,85	10
Sueltos	269	8,74	5
Romance	128	4,16	2
Quintillas	105	3,41	1
Tercetos	70	2,27	1
Octavas	48	1,56	1
Total	3077	99,99	20

BIBLIOGRAFÍA SELECTA SOBRE LOPE

1. *Bibliografías*

McCready, Warren T., *Bibliografía temática de estudios sobre el teatro español antiguo*. Toronto, 1966. Abarca desde 1850 hasta 1950. Una bibliografía ejemplar.

Fichter, William L., «The Present State of Lope de Vega Studies», *Hispania*, XX (1937), 327-52.

Simón Díaz, José, y José Prades, Juana de, *Ensayo de una bibliografía de las obras y artículos sobre la vida y escritos de Lope de Vega Carpio*. Madrid, 1955. *Lope de Vega: Nuevos estudios (Adiciones al «Ensayo...»)*. Madrid, 1961.

Parker, Jack H., y Fox, Arthur M., *Lope de Vega Studies, 1937-1962. A Critical Survey and Annotated Bibliography*. Toronto, 1964.

GRISMER, Raymond L., *Bibliography of Lope de Vega*. Minneapolis, 1965. 2 vols.

Bibliografías anuales de *Bulletin of the Comediantes, Nueva Revista de Filología Hispánica, Publications of the Modern Language Association, Revista de Filología Española, Year's Work in Modern Language Studies*.

2. *Biografía*

RENNERT, Hugo A., y CASTRO, Américo, *Vida de Lope de Vega (1562-1635)*, ed. Fernando Lázaro Carreter. Salamanca, 1968.

AMEZÚA, Agustín G. de, *Lope de Vega en sus cartas*. Madrid, 1935-43. 4 vols.

3. *Estudios de vida y obra*

ENTRAMBASAGUAS, Joaquín de, *Lope de Vega y su tiempo*. Barcelona, 1961.

ZAMORA VICENTE, Alonso, *Lope de Vega. Su vida y su obra*. Madrid, 1961.

LÁZARO, Fernando, *Lope de Vega. Introducción a su vida y obra*. Madrid, 1966.

4. *La Comedia en general*

WILSON, Margaret, *Spanish Drama of the Golden Age*. Oxford, 1969.

5. *Método crítico*

PARKER, Alexander A., *The Approach to the Spanish Drama of the Golden Age*. Londres, 1957. Reproducido en *Tulane Drama Review*, IV (1959), 42-59, y con adiciones, en *The Great Playwrights*, ed. Eric Bentley, I (Nueva York, 1970), págs. 679-707.

6. *La escena española*

SHERGOLD, N. D., *A History of the Spanish Stage from Medieval Times until the End of the Seventeenth Century.* Oxford, 1967.

7. *Cronología y autenticidad de las comedias*

MORLEY, S. Griswold, y BRUERTON, Courtney, *Cronología de las comedias de Lope de Vega.* Madrid, 1968. Contiene una amplia bibliografía en las págs. 609-26.

POESSE, Walter, *The Internal Line-Structure of Thirty Autograph Plays of Lope de Vega.* Bloomington, 1949.

FICHTER, William L., «Orthoepy as an Aid for Establishing a Canon of Lope de Vega's Authentic Plays», en *Estudios hispánicos: homenaje a Archer M. Huntington* (Wellesley, 1952), págs. 143-53.

8. *Estudios sobre «La francesilla»*

No existe hasta la fecha un análisis propiamente crítico de *La francesilla;* los siguientes estudios se refieren a algún aspecto parcial de la obra.

PHILLIPS, Roy Cleveland, «Critical Edition of *La francesilla,* a Drama by Lope de Vega», tesis doctoral inédita, University of Wisconsin, 1924. La introducción examina el *gracioso,* la fecha, las alusiones históricas y las ediciones impresas; las notas al texto aclaran buen número de cuestiones filológicas. Nos hemos servido de sus aportaciones para nuestras notas a los vv. 95, 332, 473, 837+, 943, 1764, 1907, 2127, 2375, 2383, 2623, 2658 y 2997.

COTARELO Y MORI, Emilio, «Prólogo» a *La francesilla,* en *Obras de Lope de Vega* [*Ac. N.*], V (Madrid, 1918), página XXIX.

OLIVER ASÍN, Juan, «Más reminiscencias de *La Celestina* en el teatro de Lope», *Revista de Filología Española,* XV (1928), 70, 72, 73.

ARJONA, J. H., «La fecha de *La francesilla*», *Hispanic Review*, V (1937), 73-76. Llega a las mismas conclusiones que Phillips, cuya tesis parece desconocer.

ARJONA, J. H., «La introducción del *gracioso* en el teatro de Lope de Vega», *Hispanic Review*, VII (1939), 1-21 (especialmente 1-8).

BRAVO-VILLASANTE, Carmen, *La mujer vestida de hombre en el teatro español (Siglos XVI-XVII)* (Madrid, 1955), páginas 82-84, 90.

KASPRZYK, Krystyna, *Nicolas de Troyes et le genre narratif en France au XVIe siècle* (Varsovia-París, 1963), páginas 220-22. Aunque no menciona a Lope, trae una bibliografía muy completa sobre la *novella* 45 de Masuccio y sus analogías.

COMEDIA

LA FRANCESILLA

En Madrid a 6 de abril de 1596
Pasa en Madrid y en León de Francia

Personas que hablan en el Acto primero

ALBERTO	*Viejo*
LISENO	*Gentilhombre*
FELICIANO	*Galán*
TRISTÁN	*Lacayo*
LEONIDA	*Dama*
CLAVELIA	*Dama*
DORISTA	*Dueña*
TEODORO	
OTAVIO	*Franceses*
FILIBERTO	
LEONARDO	
[UN POSTILLÓN]	

ACTO PRIMERO

Alberto, viejo, y Liseno, gentilhombre

ALBERTO.   ¿Eso ha hecho?
LISENO.   Como amigo
de Feliciano y de vos,
os cuento el caso.
ALBERTO.   Por Dios
que es digno de igual° castigo.
¡Oh padres, todo es cuidado   5
de tener hijos que amar,
y después todo es pesar
de haberlos imaginado!°
LISENO.   Eso, Alberto, no te espante,
que es común naturaleza   10
el deseo de belleza
y engendrar su semejante.°

---

4 *igual:* grande; cf. v. 763 y *El príncipe despeñado*, vv. 2035-36.
El mismo uso es registrado por Serge Denis, *Lexique du théâtre
de J. R. de Alarcón.*

8 *imaginado:* creado, engendrado.

10-12 El amor como deseo de belleza constituye una de las ideas
fundamentales del neoplatonismo. Cf. «El amor humano... es propiamente deseo de cosa hermosa, como dice Platón [en el *Ban-
quete*]», León Hebreo, *Diálogos de amor*, 381; «Es, pues, amor...
un deseo de belleza...», Cervantes, *La Galatea*, II, 44. Otros ejemplos
en *Fuenteovejuna*, vv. 409-10, y *La dama boba*, vv. 769-70. Otro tópico

ALBERTO.	¡Pluguiera a Dios no supiera	
	filosofía tan cara!	
	Si semejante engendrara,	15
	en algo me pareciera,	
	y no en darme pesadumbres.	
LISENO.	Danle semejante nombre	
	por ser igual en ser hombre,	
	que no igual en las costumbres.	20
	Y no con tantos engaños	
	esta ecepción se limita,	
	que algunas creo que imita	
	que tuviste en verdes años.	
ALBERTO.	Pues qué, ¿fui yo jugador?	25
	¿Fui desvanecido amante?	
LISENO.	Es a su edad semejante	
	esto de fuego y amor.	
	Que no a otra causa atribuyo	
	lo que hace vuestro hijo.	30
	Por eso Séneca dijo	
	«Dar al tiempo lo que es suyo».°	
ALBERTO.	Luego con ese argumento	
	todas cuantas cosas son,	
	del tiempo son.	

---

del neoplatonismo es el deseo de procreación para perpetuar lo hermoso, y al mismo tiempo asegurar la inmortalidad individual: «Bien ves cuán grande es, no solamente en el hombre, pero también en cualquier animal, el deseo de conocer su semejante... El fin primero es la producción del hermoso... Y el último fin es la deseada inmortalidad, que, no pudiendo ser perpetuo, como dice Aristóteles, los individuos animales desean y procuran perpetuarse en la generación del semejante...», L. Hebreo, *Diálogos*, 421. Cf. «Como si el amor no fuese deseo de inmortalidad...», Mateo Alemán, *Guzmán de Alfarache* (en *La novela picaresca española*, I, ed. Francisco Rico, 332).

32 Posiblemente Liseno se refiera a la idea de Séneca de que cada edad tiene su constitución, la cual difiere en el niño, el joven y el viejo *(Epístolas a Lucilio*, CXXI, 15-16). En todo caso, Liseno atribuye las calaveradas de Feliciano a su mocedad. Cf. *Dale lo suyo al tiempo, pero sin perder el tiento*, Luis Martínez Kleiser, *Refranero general ideológico español*, núm. 60.520 (clasificado equivocadamente, creemos, bajo la categoría «Aprovechar el tiempo»). Se repite la expresión casi al pie de la letra en *Las pérdidas del que juega* (¿de Lope?), 430a.

LISENO.	Y es razón 35
	dar al tiempo cuanto es viento.°
ALBERTO.	Si todo del tiempo es,
	sin duda al tiempo le dio
	el dinero que perdió.
LISENO.	No es bien que culpa le des. 40
	Que él sigue la inclinación
	de sus años.
ALBERTO.	No me nombres
	inclinación en los hombres,
	su deshonra y perdición.
LISENO.	Pues, ¿qué ha de hacer un mancebo 45
	hecho al uso de la corte?
ALBERTO.	Seguir de su padre el norte
	por la estrella que le llevo.
LISENO.	Tú, que el dinero idolatras,
	seguirás tu inclinación 50
	de codicia y ambición
	en usuras y mohatras.°
	Pero un mozo cortesano,
	armas, damas, galas, juego.
ALBERTO.	De tales consejos ciego, 55
	¿qué no ha de hacer Feliciano?
	¿Ganástele tú el dinero
	por ventura?
LISENO.	¿Yo?
ALBERTO.	Tú.
LISENO.	¿Yo?
	A los trucos° lo perdió.
ALBERTO.	¿Y no los juegas?
LISENO.	Ni aun quiero. 60

---

36 *viento:* «vale tanto como ser nada», Sebastián de Covarrubias, *Tesoro de la lengua castellana o española.* Otro ejemplo en el v. 2825.

52 *Mohatra:* «Compra fingida o simulada que se hace o cuando se vende teniendo prevenido quien compre aquello mismo a menos precio, o cuando se da a precio muy alto, para volverlo a comprar a precio ínfimo, o cuando se da o presta a precio muy alto. Es trato prohibido» *(Autoridades).*

59 *trucos:* juego parecido al billar.

Que ver un hombre° me pesa
todo el día sin memoria,
hecho jumento de noria
alrededor de una mesa.

No te aflijas, que en Madrid   65
puesto está en razón jugar,
que en esta edad no hay buscar
los infanzones del Cid.°

ALBERTO.   ¿Que no hay mozos virtuosos
que tratan de honra y papeles?   70

LISENO.   Hablo porque te consueles
de algunos que son viciosos.

Que hay muchos que pueden dar
ejemplo a los que son viejos,
siendo unos claros espejos   75
del valor de este lugar.

Que por un mozo perdido
hay cien mil nobles aquí.

ALBERTO.   Ese perdido, ¡ay de mí!,
sólo Feliciano ha sido.   80

Pero no lo será más,
que hoy ha de ser su ganancia
partirse a la guerra a Francia.°

LISENO.   ¿En esa locura das?

ALBERTO.   ¿Locura? Cordura ha sido,   85
que el mozo que no ha dejado
su tierra, aunque viva honrado,
en efecto huele al nido.°

---

61 Con frecuencia se omitía la preposición *a* con complementos
de persona; cf. Hayward Keniston, *The Syntax of Castilian Prose*,
7-11.

68 *infanzones:* mocedades (cf. francés *enfances);* es vocablo no
recogido por los diccionarios. Desde pequeño el Cid se preocupó
por la virtud y el honor (cf. vv. 69-70); en esto consisten sus mocedades.

83 El 17 de enero de 1595 Enrique IV de Francia declaró la
guerra a España, pues ésta prestaba ayuda a la Liga Católica, ene-
miga de aquel rey protestante.

86-88 Cf. «no eran caballeros los que solamente lo eran en su
patria, que era menester serlo también en las ajenas», Cervantes,
La fuerza de la sangre (en *Obras completas*, 893d).

88 *huele al nido:* tiene poca experiencia, es inmaduro. Expresión

Vaya esta vez a la guerra,
deje la infame acogida,   90
que no es hombre el que en su vida
perdió de vista a su tierra.
    ¿Qué hace un mozo en esta madre
de vicios, Circe que encanta,°
que a las doce se levanta°   95
a la mesa de su padre?
    Y si es fiesta, a la una a misa
de iglesia en iglesia va,
y si la halla, en ella está
parlando con mucha risa.   100
    ¡Qué murmurar sin provecho
en corro de marquesotes,°
engomados los bigotes°
y la daga sobre el pecho!
    ¿Qué sirve que le anochezca   105
armándose a lo crüel
y que traiga en el broquel
pasteles cuando amanezca?°

---

aplicada regularmente a las niñas; cf. Edwin S. Morby, ed. *La Do-*
rotea, 299:27.
    93-94 *Circe que encanta:* Madrid, cuya disolución es un tópico
en la literatura del Siglo de Oro (cf. vv. 324-30 y nota). Sobre la varia
fortuna de la hechicera Circe desde Homero hasta Calderón, véase
el bello estudio de Delfín Leocadio Garasa, «Circe en la literatura
española del Siglo de Oro».
    95-124 Esta censura de la vida del cortesano se parece en algunos
puntos a la crítica de fray Antonio de Guevara, *Menosprecio de corte*
y alabanza de aldea, 151 y 159.
    102 *marquesotes:* «Con la voz *marquesote,* aumentativo despec-
tivo de *marqués,* solía calificarse a los galanes muy pagados de su
elegancia y atuendo, con algo, y a veces no poco, de femenil en su
habla y atavío», Francisco Rodríguez Marín, ed. *La gatomaquia,*
167:31.
    103 Sobre el uso de los bigotes y la bigotera, cf. W. E. Wilson,
«*Bigoteras*».
    107-8 Acaso tales pasteles eran robados, en la misma forma que
los pícaros Guzmán y Pablos *corrían pasteles* (cf. Alemán, *Guzmán,*
814, y Quevedo, *El buscón,* 136-37). Pasajes análogos se hallan en comedias de Lope anteriores a estas novelas: cf. *El trato de la corte*
y ferias de Madrid (generalmente conocida como *Las ferias de Ma-*
drid; es de 1587-88), vv. 401-3, 1182, 1777-1809 y 2558-59, y *La serrana*
de Tormes (de 1590-95), 465d-66c.

¿Que juegue dos mil reales,
como Feliciano a mí,   110
que no los juegan así
muchos hombres principales?

¿Que sirva a aquella señora
y dé papeles discretos,
que esgrima y eche más retos   115
que Ordóñez sobre Zamora?°

¿Y que cuando está delante
de gente que a honor se inclina
diga que caen° en la China,
Bruselas, Mastrique y Gante?°   120

¡Qué bien dicho de éstos fue,
aunque se precian de fieros,
que son como los corderos,
que no dicen más de «be»!°

115-16   Es bien sabido que el rey don Sancho de Castilla fue
muerto a traición por Vellido Dolfos mientras cercaba a Zamora,
y que por ello su vasallo Diego Ordóñez de Lara retó de traidor a
todo el pueblo zamorano, inclusive a sus panes y aguas, los nacidos
y los por nacer. Todo ello consta en la *Crónica general de España*,
de donde pasó a la *Crónica del Cid* y al *Cantar de Sancho II y
cerco de Zamora*. Del *Cantar* pasó el tema al romancero. Don Quijote recuerda el reto de Ordóñez, calificándolo de excesivo (V, 268-69).

119   *caen*: Esta palabra plantea problemas de sentido y de orto-
logía. Su probable significado de *mueren* queda sugerido por la
variante *hay guerra* de la *Parte XIII*. Esta última variante también
resulta preferible desde el punto de vista ortológico, pues *caen* es
bisílabo en Lope (cf. Walter Poesse, *The Internal Line-Structure of
Thirty Autograph Plays of Lope de Vega*, 22), lo cual hace que sobre
una sílaba en este verso. Está patente, entonces, la superioridad de
la variante *hay guerra*, aunque no consta que sea de Lope.

119-20   Esta acción de *La francesilla* sucede cuando está ardiendo
en Flandes la guerra entre España y Francia, o sea, entre enero
de 1595 (cf. v. 83 y n.) y septiembre del mismo año (cf. vv. 942-43 y n.).
Otra alusión en el v. 1268 precisa aún más la fecha de los actos I y II:
septiembre de 1595. —Suscita problemas la referencia a *la China*,
puesto que hacia 1595-96 no había guerra importante en este país,
y aun cuando la hubiera, tal alusión no encajaría en el presente
contexto. Parece probable que se trate de una denominación colo-
quial de la ciudad flamenca de Chimay, concedida por los españoles
a Francia en 1684—. *Mastrique*: Maestricht (Maastricht en holandés).

121-24   Es decir, son pusilánimes estos galanes, a pesar de sus
bravezas. Juego de palabras sobre *be* y *ve* en el v. 124.

	Vaya mi hijo a la guerra,	125
	hable entre hombres que lo son.	
LISENO.	Digo que tienes razón,	
	no es hombre el que está en su tierra.	
	Mas oye, que viene aquí.	

Feliciano, gentilhombre, y Tristán, lacayo,
dándole un papel

TRISTÁN.	Su criada me le° dio.	130
FELICIANO.	A buen tiempo le escribió.	
	¿Y preguntóte por mí?	
TRISTÁN.	¡Con qué melindre le tomas,	
	y el sombrero muy de tema!°	
	Abre más quedo la nema,	135
	si no es que el papel te comas.	
FELICIANO.	Hiciéralo a ser veneno.°	
TRISTÁN.	Esperad albricias de él.°	
LISENO.	Leyendo viene un papel.	

Lea Feliciano

FELICIANO.	«Señor de mi vida...» ¡Bueno!	140
TRISTÁN.	¿Dijo con tilde «Señor»?	
FELICIANO.	¿Por qué lo dices ahora?	
TRISTÁN.	Porque ya cualquier señora	
	no dice más de «Senor».°	

---

130 *le:* «Lope es decididamente leísta (es decir, usa *le* como complemento directo, de persona o de cosa, y no *lo...);* justamente Madrid y el Siglo de Oro son centro de expansión y época culminante del leísmo», F. Rico, ed. *El caballero de Olmedo,* 76:39.

134 *de tema:* por porfía.

137 Feliciano está besando la carta de su amada, hecho acostumbrado en la Comedia (cf. William L. Fichter, ed. *El sembrar en buena tierra,* 175:269). Para un estudio de las cartas en Lope, cf. T. Earle Hamilton, «Spoken Letters in the *comedias* of Alarcón, Tirso, and Lope».

138 Este verso, atribuido a Tristán en el manuscrito y la *Parte XIII,* parece pertenecer a Feliciano.

144 *Senor:* Forma antigua, característica del español de Occidente; cf. Joseph E. Gillet, «*Senor* 'señor'», y Arnold G. Reichen-

FELICIANO.	Ya este borracho comienza.	145
TRISTÁN.	Dicen que tilde en dicción	
	es perniabrir la razón,	
	y se tiene a desvergüenza.	

Lea Feliciano

FELICIANO.	«Hoy, cuando a beber pediste,	
	mandé un búcaro bajar...»	150
TRISTÁN.	No sabe esa hembra hablar.	
FELICIANO.	Y tú, ¿dónde lo aprendiste?	
TRISTÁN.	Si mujer de punto° fuera,	
	«bícaro»° escribir tenía.	
FELICIANO.	Y a «un pícaro en cortesía»	155
	si el papel a vos viniera.	

Lea

	«Y la que el agua llevaba	
	este recado traía...»	
TRISTÁN.	¡Qué necia mujer!	
FELICIANO.	Porfía.	
TRISTÁN.	No sabe escribir.	
FELICIANO.	Acaba.	160
TRISTÁN.	¿Ves el que traigo en la banda	
	del sombrero? Pues a fe	
	que es de alguna que...°	
FELICIANO.	Huyeté.	
TRISTÁN.	¿Quieres?	
FELICIANO.	Vete de aquí, anda.	
TRISTÁN.	Lee, que todos leeremos.°	165

---

berger, ed. *Carlos V en Francia,* 222:1560. Gillet señala (267) que en el presente caso *senor* se debe a «melindre de enamorada».

153 *de punto:* «Se dice de las personas principales y de distinción», *Autoridades.*

154 *bícaro:* Forma que no hemos documentado en otra parte.

161-63 Los galanes acostumbraban poner los favores de sus damas en la *toquilla* (o banda) del sombrero (cf. *Ac. N.,* I, 534d; IV, 150b); Tristán parece remedar tal uso.

165 Verso octosílabo suelto. De vez en cuando Lope introduce tales sueltos en sus redondillas; cf. W. L. Fichter, ed. *El castigo del discreto,* 207:85, y John Brooks, ed. *El mayor imposible,* 204:2693.

Lea Feliciano

FELICIANO. «Son mis padres tan sutiles,
que siempre traigo conmigo
espías».

Lea el lacayo

TRISTÁN. «Tristán amigo,
flor de amantes lacayiles...»ʿ
FELICIANO. Lee quedo, bestia.

Lea Tristán

TRISTÁN. «Hoy,   170
después de barrer la sala...»
FELICIANO. Lee quedo, noramala.
TRISTÁN. «Para ti labrando estoy
un bravo cuello y camisa...»
FELICIANO. ¿Caballeriza no hubiera   175
donde ese papel leyera?
TRISTÁN. «Y con ella irás a misa».

Lea Feliciano

FELICIANO. Quiero leer. «Pero si esperas
a la ocasión, y se escapa...»

Lea Tristán

TRISTÁN. «¡Oh quién fuera tu gualdrapa,   180
porqueˢ limpiarme pudieras!»
FELICIANO. ¡Valga el diablo tu linaje!
¿Hete de esperar yo a ti?

---

169 *lacayiles:* Los graciosos y otras figuras cómicas de la Comedia se caracterizan por su tendencia a inventar palabras (Fichter,
ed. *El sembrar*, 161:15, 197:1248, 224:2546, 226:2560). La forma *lacayil*
se da también en *Ac. N.*, XI, 674d, y *Ac.*, XIII, 112b.
181 En el Siglo de Oro se empleaba regularmente *porque* donde
la práctica moderna prefiere *para que* (Keniston, *Syntax*, 29.464).

TRISTÁN.	«No tengas celos de mí,
	que hoy se ha despedido el paje». 185
	¡Bravo favor! ¡Brava cosa!
	¡Oh bien escrito papel!
ALBERTO.	¿No llegaremos a él?°
FELICIANO.	¡Mi padre es!
TRISTÁN.	¡Ay, Juana° hermosa!
FELICIANO.	Dame, mi señor, la mano. 190
ALBERTO.	Álzate luego del suelo.
	Ya cubres tarde el anzuelo
	de tu soberbia, villano.
FELICIANO.	¿Qué es esto?
ALBERTO.	La justa paga
	de tu ciego y loco error. 195
FELICIANO.	Dame la mano, señor.
ALBERTO.	¿La mano? Con una daga.
	No me preguntes por qué.
	Las cartas están aquí
	para el General.°
FELICIANO.	Pues di, 200
	¿qué he hecho?
ALBERTO.	¿Qué?
FELICIANO.	No lo sé.
ALBERTO.	Hoy a Francia has de partir.
	Quítate calza y coleto.°

188-309 La presente escena fue imitada por Calderón en *No hay cosa como callar (Obras completas*, II, 1004). En ambas obras un padre descubre a su hijo donjuanesco en amores, por la calle; lo regaña, el hijo da vanas excusas, y el padre le ordena irse inmediatamente a la guerra, proveyéndolo de dinero.

189 *Juana:* Véase v. 2418 y nota.

200 *General:* Véase v. 943 y nota.

203 *calza y coleto:* «De las dos prendas que en el siglo XVI se usaban para cubrir las piernas y el cuerpo hasta la cintura, las calzas eran la propia de los hombres que vestían a la moda...», Carmen Bernis, *Indumentaria española en tiempos de Carlos V*, 79. El *coleto* era «la prenda ajustada y corta que se vestía sobre el jubón...», Bernis, *ibíd.*, 85. Nótese que *coleto* rima con *acepto*, pronunciado *aceto* en la época; así lo escribiría Lope.

FELICIANO.	Señor, la partida acepto.	
ALBERTO.	Dadle luego qué vestir.	205
FELICIANO.	¿Hoy me he de ir? ¿Cómo?	
ALBERTO.	A la posta.	
FELICIANO.	¿Con qué galas de soldado?°	
	¿He de llevar, muy letrado,	
	calza larga y cuera angosta?°	
	De aquí a un mes me podré ir.	210
ALBERTO.	¿De aquí a un mes? Hoy, luego.	
FELICIANO.	¿Cómo?	
ALBERTO.	Eso a mi cargo lo tomo.	
FELICIANO.	¿No me han de hacer de vestir?	
ALBERTO.	¿Con qué de noche salías?	
FELICIANO.	De noche son galas locas.°	215
ALBERTO.	Si son locas, no son pocas.	
	Allá las harás.	
FELICIANO.	¿Porfías?	
ALBERTO.	Llama, Tristán, a su hermana,	
	y trae luego a la puerta	
	dos postas.	
TRIST. [Ap.]	(Jornada es cierta.)	220
FELICIANO.	Señor...	

---

207 *galas de soldado:* «Como... los soldados, lejos de estar suje-
tos a patrón fijo en el vestir, se vestían a su capricho y expensas,
andaban matizados de colores vistosos y coronados de plumas...»,
Rodríguez Marín, ed. Cervantes, *Novelas ejemplares*, II, 19:3. Ejemplos del atavío soldadesco en Morby, 70:20, y Ricardo del Arco y
Garay, *La sociedad española en las obras dramáticas de Lope de
Vega*, 751a-52c.
208-9 A pesar de la afirmación de Feliciano, la calza larga y la
cuera angosta no eran las prendas típicas del letrado: «los letrados
conservaron algunas prendas medievales talares y holgadas, como
la *loba*, el *balandrán* y la *gramalla;* como capa usaron el *manteo*...»,
Bernis, *Indumentaria*, 10. Las palabras *cuera* (v. 209) y *coleto* (v. 203)
se empleaban indistintamente (Bernis, 85). La gran preocupación de
Feliciano por las modas de ropa refleja la mentalidad de la época (cf. Fichter, ed. *El sembrar*, 171:233, con bibliografía). Muchas
de las comedias de Lope contienen alusiones a la ropa de moda.
215 Para salir de noche, los galanes al uso llevaban trajes de
color (en cambio, de día empleaban el vestido negro). Cf. John
M. Hill y Mabel M. Harlan, ed. *Cuatro comedias*, 171:2598, con bibliografía.

ALBERTO.   Tu plegaria es vana,
              que es sentencia de visita,°
              donde no hay suplicación.
FELICIANO.   Eres jüez con pasión.
[*Aparte*]   (Liseno, temor me quita: 225
              ¿es de veras?
LISENO.   Es, sin duda.
FELICIANO.   Pues, ¿por qué fue?
LISENO.   Sobre el juego.)
FELICIANO.   Señor, que me escuches ruego.
ALBERTO.   Ruegas a una estatua muda.
FELICIANO.   Cuando ese nombre te cuadre,   230
              como en efecto es verdad,
              usa conmigo piedad
              y haránte estatua de padre.
[*Aparte*]   (¿Quién, Liseno, lo contó?
              ¿Quién se lo dijo, Jesú?)   235
ALBERTO.   ¿Dos mil reales juegas tú?
              ¿Así los ganaba yo?

                  Sale Leonida

LEONIDA.   ¿Qué es, señor, lo que me mandas?
ALBERTO.   Toma esta llave, Leonida.
LEON. [*Ap*]   (La color° tienes perdida,   240
              hermano. ¿En qué pasos andas?
FELICIANO.   A Francia me envía.
LEONIDA.   ¿Qué dices?
FELICIANO.   Ruégale que...)
ALBERTO.   Toma ya.
              Del escritorio que está
              entre aquellos dos tapices,   245
              saca un pequeño talego.

---

222 *visita:* «el acto de jurisdicción con que algún juez u prelado
se informa del proceder de los ministros inferiores, u de los súb-
ditos...», *Autoridades.*
240 *Color* es de género ambiguo desde la Edad Media hasta el
siglo XVII, pero predomina la forma femenina.

80

LEONIDA.	¿Para qué?
ALBERTO.	Parte.
LEONIDA.	Ya voy. *Vase.*
ALBERTO.	Abrevia.
FELIC. [*Ap.*]	(Temblando estoy.)
ALBERTO.	Entra y desnúdate luego.
FELICIANO.	Tiempo habrá, o iréme así, 250
	solas botas me pondré.
ALBERTO.	¿Tienes espuelas?
FELICIANO.	No sé,
	basta las que llevo en ti.

Sale Tristán

TRISTÁN.	Ya las postas ensillaban.
	Pero, ¿para qué son dos? 255
ALBERTO.	Porque habéis de ir con él vos.
	¿Cómo tardan? ¿En qué estaban?
TRISTÁN.	Yo boca abajo las vi.°
	No sé, por Dios, en qué están.
	Pero, ¿qué te ha hecho Tristán, 260
	que le destierras así?
	¿Yo a Francia? ¿Tengo yo acaso
	lamparones u otro mal?°
ALBERTO.	Vaya el igual con su igual.
TRISTÁN.	¿Yo su igual?
ALBERTO.	Espera.
TRISTÁN.	Paso. 265
ALBERTO.	Déjame ver el papel
	del sombrero.
TRISTÁN.	¿A qué intención?

257-58 El estar los caballos *boca abajo* es un chiste favorito de Lope (cf. J. Brooks, ed. *El mayor imposible*, 196:1965).

262-63 «Los reyes de Francia dicen tener gracia de curar los lamparones...», Covarrubias. Se atribuía popularmente este mismo poder a ciertos reyes ingleses y españoles; cf. A. Castro, ed. *El buscón*, 75:6, y Eugenio Asensio, *MLN*, LXXXI (1966), 632-35 y *HR*, XL (1972), 374-76. El *otro mal* a que se refiere Tristán es el *mal francés*, o sea, la sífilis.

ALBERTO.	Cédula de confesión
	debe de ser.
FELIC. [*Ap.*]	(¡Qué crüel!
	Ten este papel, Liseno, 270
	no le halle acaso en mí.)
ALBERTO.	Y él° diga qué trae aquí.
	A ver, desabroche el seno.
FELICIANO.	Yo, señor, no traigo nada.
[ALBERTO.]	Cordón de cabellos, bien. 275
	(Esto traiga al cuello.)
	Cinticas también.
LISENO.	También
	es tu cólera estremada.
ALBERTO.	¿Es retrato? De lacayos
	son prendas a toda ley.
	¡Ved qué gentil agnusdéi 280
	para tempestad de rayos!°
	No, no, vos iréis adonde
	el peto fuerte os le cubra,
	para que el valor descubra
	que a vuestra sangre responde. 285

Sale Leonida

LEONIDA.	El dinero traigo aquí,
	y unas postas han llegado.
ALBERTO.	Mil escudos° he juntado
	hoy en oro para ti.

---

272 *él:* vos. Sobre el uso de *él* o *ella* como sustituto de la segunda persona singular, indicando disgusto o familiaridad, cf. Fichter, ed. *El castigo del discreto*, 225:807. Otros ejemplos en *Don Quijote*, II, 137 y 186.

280-81 Efectivamente, entre las virtudes de los agnusdéi se cuenta la de preservar del rayo: «vale para contra la tempestad, el fuego, los rayos, peste y contra los incursos del demonio...» (Covarrubias). Más detalles en Joseph E. Gillet, ed. *Propalladia and Other Works of Bartolomé de Torres Naharro*, III, 201:589.

288 Para apreciar debidamente la conducta posterior de Feliciano, conviene recordar que el *escudo* valía más de once *reales* (cf. v. 236).

              Toma, pródigo,° que impetras   290
          la porción de tu sustancia.
          Parte a Francia, que allá en Francia
          te enviaré cartas y letras.°
              Plega al Cielo que no vuelvas
          de otra manera que partes,   295
          de donde apenas te hartes
          de bellotas por las selvas.
              Que si a la patria tu madre
          vuelves de tan vil manera,
          no pienso matar ternera,   300
          sino negar que soy padre.—
              Entra, Leonida, y harás
          que su ropa blanca toda
          se le junte, y acomoda
          alguna nueva además.   305
              ¿De qué lloras? ¡Vive el Cielo!°
          que te...!
LEONIDA.   ¡Ay, mi hermano!
ALBERTO.   Liseno,
          ven conmigo, que voy lleno
          de enojo.
FELICIANO.   Ce, escucha.
LISENO.   Harélo.

          Queden solos Tristán y Feliciano

FELICIANO.   Ya no digo que le hables,   310
          sino que esto a Arminda cuentes...
          ¿Qué estás hablando entre dientes?
TRISTÁN.   ¡Sucesos, por Dios, notables!
FELICIANO.   ¿De qué te ríes?
TRISTÁN.   De verte
          con mil escudos en oro.   315

290-301 Aquí Alberto compara a Feliciano con el Hijo Pródigo
(San Lucas, XV, 11-32).
   293 *letras:* «letras de cambio, las libranzas de dineros que se
remiten a pagar de un lugar a otro» (Covarrubias).
   306 *¡Vive el Cielo!:* juramento atenuado, por no decir *¡Vive
Dios!*

FELICIANO.	Pues yo, Tristán, de eso lloro
	las vísperas de mi muerte.
TRISTÁN.	Métete en cas de un figón°
	y comamos como grandes,
	que no habrá Francia ni Flandes 320
	de mayor recreación.
	Y estemos en caponera°
	con aquestos mil escudos.
FELICIANO.	Sí, que en Madrid andan mudos
	los cuervos de su ribera, 325
	que acusan más que demonios.
	En mi vida vi lugar
	más sujeto a murmurar
	y a levantar testimonios.
	No hay sino prestar paciencia.° 330
TRISTÁN.	Sobre esa prenda yo creo
	que la preste tu deseo.°

Sale el Postillón

POSTILLÓN.	¿Partiremos?
FELICIANO.	¡Brava ausencia!
	Adiós, Madrid generoso,°

---

318 *cas de un figón:* casa de un figonero; «a los bodegoneros que aderezan de comer en sus sótanos los llaman figones» (Covarrubias).

322 *caponera:* «Entregado a la glotonería sin uso y ejercicio, como capón en caponera» *(Autoridades).*

324-30 Es muy voluminosa en el Siglo de Oro la literatura sobre los defectos y peligros de Madrid, ante todo para el recién llegado (bibliografía en Fichter, ed. *El sembrar,* 160:3). Aunque Lope con frecuencia censura la maledicencia de la corte (e. g., «está lleno / Madrid de aqueste vicio maldiciente», *Las ferias,* vv. 2641-42), parece claro que aquí alude a unos sucesos muy concretos de su propia vida. En el mismo año en que Lope escribe *La francesilla* —1596— es procesado por amancebamiento con la viuda Antonia Trillo de Armenta. Aquí el Fénix parece defenderse de esos cargos, tildándolos de testimonios falsos.

330-32 Juego sobre el concepto de *prestar:* afirma Tristán que sobre la prenda de los mil escudos, Feliciano bien puede *prestar* su paciencia.

334 *generoso:* noble (el mismo uso en v. 771).

334-89 Menudean los elogios de Madrid en el teatro de Lope (hay

corazón de España noble,   335
de donde reciben vida
los demás miembros conformes.
Adiós, alcázar del Rey,
más famoso entre los hombres
con las águilas del César,°   340
adonde el *Plus ultra*° pone.
Adiós, patios paseados
de pretendientes° disformes,
losas° que son sepulturas
de imposibles pretensiones.   345
Adiós, templos y edificios,
casas, calles, plazas, torres
ocupadas de hombres, damas,
confusión, caballos, coches.
Virtudes, hipocresías,   350
amistades y traiciones,
trazas, quimeras, deseos,
verdades, mentiras, voces.
Didos, Lucrecias, Tarquinos,

---

otro en los vv. 2385-93), pero al igual que aquí, a veces van entre-
verados de censuras (cf. R. del Arco, *La sociedad*, 15-39, y Fichter, ed. *El sembrar*, 229:2747). El elogio de ciudades es un tópico
desde la antigüedad clásica; cf. Ernst Curtius, *Literatura europea* y
Edad Media latina, 229.

340 El águila era la divisa de los emperadores romanos, y más
tarde el águila bicéfala constituía la insignia de los soberanos del
Sacro Imperio Romano. Tal era el blasón de Carlos V y Felipe II;
este último será el *César* aludido.

341 *Plus ultra:* el lema de Carlos V y Felipe II, alusivo a su
conquista del Nuevo Mundo. Cf. eruditas notas de Morby, 305:44,
y A. G. Reichenberger, ed. *Carlos V*, 197:209 y 246.

343-45 Una de las figuras típicas de la literatura del Siglo de Oro
es el *pretendiente* que viene a Madrid en busca de algún cargo o
beneficio, y pierde un tiempo interminable, debido a la inercia de la
burocracia oficial. Cf. Arco, *La sociedad*, 35-37. En lo que sigue, se
observa la «enumeración caótica» de objetos, estudiada por Leo
Spitzer en la poesía moderna (en *Lingüística e historia literaria*, capítulo VI).

344 *losas:* juego sobre dos significados: lápida sepulcral, y alusión al mentidero llamado *losas de Palacio* (cf. Arco, *La sociedad*, 21).
Sobre este mentidero, aposento de la locuacidad y la murmura-
ción, cf. José Deleito y Piñuela, *Sólo Madrid es corte*, 216-18.

354-55 Lo que estos personajes clásicos tienen en común es su

Venus, Martes, Tais, Adonis,° 355
Celestinas y Calistos,
Pármenos, Sempronios dobles.°
Ciencias, armas, galas, sedas,
música, pincel, colores,
fiestas mal vistas, paseos 360
de diferentes naciones.
Poetas, quejosos siempre
de la fe de los señores,
porque es ya desdicha suya
ser envidiados y pobres.° 365
Adiós, famosas Audiencias,°
donde Dios juzga y Dios oye
por tan famosos ministros
como Alciato compone.°

---

participación en un amor ilícito: Dido se entregó a Eneas después
de jurar fe eterna a su difunto marido, Siqueo; la casta Lucrecia
fue forzada por Tarquino; Venus y Marte tuvieron unos sonados
amores adulterinos; Tais fue una famosa cortesana griega, amante
de Alejandro Magno (cf. vv. 1070-73 y n.); Adonis despertó la pasión
de Venus. —Nótese que *Adonis* no hace rima perfecta para el romance en *oe*, pero era corriente tal licencia.

356-57 Las referencias a personajes de *La Celestina* de Rojas
continúan la idea de amores prohibidos, y también aluden al tema
de la traición, recalcado en los vv. 350-53.

362-65 Sin duda, hay mucho de autobiográfico en estas quejas
sobre la suerte de los poetas. Lope llega a Madrid en 1596, ya cum-
plido su destierro, y se acomoda como secretario del marqués de
Malpica, cargo que por razones desconocidas (¿el escándalo con la
viuda Antonia Trillo?) acaba pronto. Solamente dos años más tarde
conseguirá un empleo más duradero con el marqués de Sarria. Con
todo, la pobreza de los poetas constituye un tópico literario desde
Marcial; copiosos ejemplos en Rodolfo Schevill y Adolfo Bonilla,
ed. Cervantes, *Comedias y entremeses*, IV, 172-73, y Arco, *La sociedad*, 674d-75c. Arco también documenta la envidia típica de los
vates.

366 Seguramente, la Audiencia (o Tribunal) de Provincia, una
dependencia de la Sala de Alcaldes de la Casa y Corte; estaba situa-
da en la plazuela de Santa Cruz (cf. M. Herrero García, *Madrid en
el teatro*, 85-86).

368-69 Además de popularizar el género de los emblemas, Andrea Alciato (1492-1550) fue el mayor jurisconsulto italiano del Renacimiento italiano, alcanzando fama internacional. Escribió muchos
libros; quizá Lope se refiera a su *De magistratibus, civilisbusque
et militaribus officijs*, o el *Tractatus universi iuris*.

Adiós, fuentes, adiós, río,
alameda, prado y bosque,
tardes de sol en ivierno°
y del verano las noches.
Casas de moneda y gusto,
adonde se bate el cobre,°   375
mar adonde tantos viven
y que tantas naves sorbe.
Adiós, caudaloso juego,
por quien mi padre de bronce
hasta Francia me destierra   380
de los pechos de la corte.
Adiós, Arminda, adiós, celos,
papeles, gustos, amores,
que sólo un taco de trucos
ha dado conmigo en Londres.°   385
Adiós, amigos fingidos,
moneda que ahora corre,
y si verdadero alguno,
mi destierro sienta y llore.

POSTILLÓN.   Ea, camarada, vamos.   390
TRISTÁN.   Adiós, tabernas de corte,°
             galera en que yo solía

---

372 *ivierno:* invierno (forma antigua y dialectal empleada frecuentemente por Lope). Otros ejemplos en vv. 922 y 2621.

374-75 Estas mismas expresiones de subido valor sensual *(casa
de moneda, batir el cobre)* figuran en una carta donde Lope se
refiere a unos excesos eróticos: cf. *Epistolario de Lope de Vega
Carpio*, III, 201. Otros ejemplos de *casa de gusto* 'burdel' en *El
castigo sin venganza*, v. 129, y *Las ferias de Madrid*, v. 1178.

384-85 Es decir, la inclinación de Feliciano por el juego ha sido
la causa de su destierro *(taco:* vara para impeler las bolas de los
trucos). Por lo visto, *Londres* tiene valor antonomástico de 'lugar
de destierro'; esto podría explicarse como consecuencia de la actividad de los corsarios ingleses en la época. Al parecer, *Irlanda*
tiene este mismo significado: «nos vamos a Irlanda. / ... me des-
tierran...», Calderón, *Obras completas*, II, 295a.

391-401 De acuerdo con la costumbre de los graciosos (cf. Fichter, ed. *El castigo*, 225:805, con bibliografía), Tristán parodia los
conceptos que acaba de exponer su amo. Así, *galera* (v. 392) vuelve
al revés la metáfora náutica de Feliciano (vv. 376-77), y los lugares
y oficios que enumera contrastan por su humildad con los recordados por su señor.

fundar mis estanteroles.°
Adiós, plazas, pasteleros,
fruteras, calles, cantones,   395
lavaderos y pilares,
baratillo y Herradores.°
Adiós, Juana, que sin duda
me has pegado lamparones,
pues voy a curarme a Francia   400
en un rocín matalote.°—
¿Cómo os llamáis vos, hermano?

POSTILLÓN.   Yo, Tristán, llámome Gómez.

TRISTÁN.   Vamos, y vaya conmigo
el alano de San Roque.°   405

Salen Clavelia, dama francesa,
y Dorista, dueña

CLAVELIA.   Mientras está aquí Teodoro,
Dorista, no me hables nada,
que está la puerta cerrada
a billetes y a tesoro.
    Que aunque es hermano, es marido°   410
en razón de su respeto,
y un hombre honrado y discreto
trae el honor al oído.

---

393 *estanteroles:* maderos o columnas hacia la popa de la galera, sobre los cuales se afirma el toldo y que sirven de punto de
observación al capitán *(Autoridades).*
397 *Herradores:* «Alude a la plaza de Herradores, donde se al-
quilaban los lacayos», Arco, *La sociedad,* 22.
401 *matalote:* flaco y enclenque.
405 En el arte se suele retratar a San Roque acompañado de un
perro, pues cuentan leyendas piadosas que el santo francés fue
socorrido por este animal durante una enfermedad. Por eso, y por
tener este santo virtudes curativas, invoca Tristán a amo y perro
aquí, al referirse a su supuesta enfermedad (cf. vv. 399-400). Hay
alusiones a San Roque y su perro en *Peribáñez y el comendador
de Ocaña,* vv. 1071 y 1161.
410 Es idea convencional en la Comedia que en materia de honor, el hermano de una soltera o viuda hace las veces del marido; cf. Calderón, *Obras completas,* II, 79b, 242c, 697a, etc.

	No quiero que de mi fama	
	alguna flaqueza sienta.	415
DORISTA.	¿Y cuándo partirse intenta?	
CLAVELIA.	Cuando quisiere su dama,	
	que ella le detiene aquí.	
DORISTA.	A París dice que va.	
CLAVELIA.	Sí va.	
DORISTA.	¿Y cuándo volverá?	420
CLAVELIA.	Eso no me ha dicho a mí.	
DORISTA.	Bien puedes ahora hablar,	
	pues ésta es buena ocasión.	
CLAVELIA.	Mientras él está en León,	
	¿cómo te puedo escuchar?	425
DORISTA.	Seis papeles te traía,	
	de seis hombres cuando menos,	
	de mil necedades llenos.°	
CLAVELIA.	¡Buen libro, por vida mía,	
	si fuera de devoción!	430
DORISTA.	No sé qué esperan tus años,°	
	porque el tiempo y sus engaños	
	Mercurio y sus alas son.°	
	Goza del oro que llueve	
	la mina de ese cabello,°	435

426-28 Estas cartas de numerosos pretendientes, rechazados todos por la protagonista, recuerdan la situación inicial de *La moza
de cántaro* y *Las bizarrías de Belisa*. El motivo alcanza importancia
predominante en *El examen de maridos* de Alarcón y *El mercader
de Venecia* shakespeariano.

431-56 Como es usual en las figuras celestinescas, Dorista procura seducir a su víctima trayendo a cuento el tema del *carpe diem*.
Así amonesta Celestina a Melibea: «Señora, ten tú el tiempo que
no ande... ¿No has leído que dicen: verná el día que en el espejo
no te conozcas? ... Que así goce desta alma pecadora e tú dese
cuerpo gracioso...» (I, 171-172). Asimismo exhorta Fabia a Inés y
Leonor en *El caballero de Olmedo*: «La fruta fresca, hijas mías, /
es gran cosa, y no aguardar / a que la venga a arrugar / la breve-
dad de los días» (vv. 315-18). Por otra parte, en este pasaje de *La
francesilla* (especialmente vv. 434-38 y 454) se advierten clarísimas
reminiscencias del soneto 23 de Garcilaso, el más afamado tratamiento poético del tema en España (luego recogido por Góngora
en sus sonetos 149 y 150).

433 Este dios romano regularmente aparece con botas aladas,
por asociación con la deidad griega Hermes.

antes que vengas a vello°
convertido en plata y nieve.

Goza esas rosas que enjugas
sin afeites y martirios,
antes que las vuelvan lirios   440
los años y las arrugas.

Y esos ojos, maravilla
del mundo y de Amor vendado,°
sin que su cielo estrellado
te vuelva el tiempo en tortilla.°   445

Y esa boca, que no deja
que sangre o coral la adorne,
antes que la edad la torne
como faltriquera vieja.

Y esos dientes, que ahora son   450
nácar, primero que sean
tales que cuando los vean,
parezcan corcho o carbón.

Y ese cuello, y ese pecho,
y esas manos, y ese todo,   455
antes que...

CLAVELIA.   Tú hablas de modo
que ya en tu edad me sospecho.
Dorista, ¿qué puedo hacer
si se descuida mi hermano?

---

436 *vello:* «la asimilación de la -*r* del infinitivo a la -*l* del en-
clítico, común en lo antiguo, se usa en nuestra comedia casi únicamente cuando facilita la rima...», F. Rico, ed. *El caballero de
Olmedo*, 116:22.
443 Cupido frecuentemente figura con una venda en los ojos, por
ser el amor ciego; cf. vv. 2844-45. La ceguera del amor constituye
un tópico folklórico; cf. L. Martínez Kleiser, *Refranero general*, números 4041-70. Sobre la ceguedad de Cupido en la literatura clásica
y en el arte, cf. Erwin Panofsky, *Studies in Iconology*, cap. IV.
444-45 *ojos... cielo estrellado... tortilla:* Metáfora extraordinaria-
mente ingeniosa y grotesca. Primero los ojos son comparados con
estrellas, por su brillo (imagen vulgar), y luego con *huevos estrellados,* los componentes de la *tortilla.* El brusco salto del símil
sublime, aunque trillado, a lo grotesco ha sido precipitado por el
adjetivo *estrellado,* relacionado primero con una visión celeste y
luego con una banal. Otro juego con *ojos, estrellas* y *estrellados*
en *El acero de Madrid*, 182a.

DORISTA.	¿Qué, él te ha de casar?
CLAVELIA.	Es llano, 460
	que ya estoy en su poder.
	No tengo otro padre yo.°
DORISTA.	¡Ay, Clavelia! A Dios rogando,
	pero con el mazo dando.°
	Ayúdate tú.
CLAVELIA.	Eso no, 465
	que no es de mi calidad.
DORISTA.	¡Qué inútil es la belleza
	empleada en tal tibieza!
CLAVELIA.	¿Soy muy tibia?
DORISTA.	Sí, en verdad.
	¡Ay de doncellas que veo 470
	que hacen mil estaciones,
	ayunos y devociones
	con ese justo deseo!°
	Aguárdate tú a tu hermano,
	que, enamorado de Elisa, 475
	le da tu hacienda, y te avisa
	que tu pensamiento es vano.
	Sé tú como alguna loca
	que aguarda, por lo encogido,
	que le metan el marido 480
	con la cuchara en la boca.°
	Descuídase el padre, amiga,
	pasa en flor, sin pasar plaza,

459-62   La situación de una protagonista huérfana cuyo hermano descuida su casamiento, se da también en el acto I de *La noche de San Juan*.

463-64   Refrán corriente, citado, por ejemplo, en el *Quijote* (VIII, 225). Como Celestina, Dorista se expresa frecuentemente mediante proverbios.

470-73   Cf. «*Fenisa*. Mi tía me dijo a mí / que hacías mil oraciones, / y andabas por estaciones. / *Belisa*. ¿Yo para casarme?», *La discreta enamorada*, 401a.

478-81   Cf. «Don Juan, / ... ¿Qué aguardas? / ... / ¿Quieres tú que te la metan [a la novia] / con una cuchar de plata / dentro de la boca?», *La noche de San Juan*, 166a.

482-85   Es decir, la niña pasa la flor de su juventud, sin que nadie se engañe al respecto, y se queda soltera y sin hijos.

y queda la calabaza
la simiente en la barriga.°   485
No lo ha de hacer todo el padre,
no ha de ser todo concierto.
No es muy malo Filiberto,
¡por el siglo° de mi madre!
Y aun hoy le he visto llorar   490
porque no le quieres bien.

CLAVELIA.   No le muestro yo desdén,
pero no le puedo amar.

DORISTA.   No hay en Francia tal mancebo,
tan rico ni gentilhombre,   495
y tú huyes de su nombre
por lo que le quiero y debo.
¿Qué te ha de hacer sólo hablalle?
¿A qué mujer en su vida
le pesó de ser querida,   500
y más de tal pico y talle?
¡Qué donaire y discreción!
¡Qué galas! ¡Qué bizarría!

CLAVELIA.   Debe de ser que soy fría
y helada de condición.   505
Empero yo te prometo
de hablarle por darte gusto.

DORISTA.   ¿Cuándo?

CLAVELIA.   Cuando fuere justo
y hubiere tiempo y secreto.

DORISTA.   Sábete que me ha obligado,   510
y esto de dar y interés°
vuelve un monte del revés.
Ya es enojarte escusado,
que Filiberto está aquí,
y por el jardín entró.   515

CLAVELIA.   ¿Quién le abrió la puerta?

_____

489   *siglo:* vida (cf. Gillet, 186:360).
511   *y interés:* «*y + i-* era habitual (aún hoy se da en lo hablado)», F. Rico, ed. *El caballero,* 76:38. Otros ejemplos en vv. 1681
y 2985.

DORISTA.	Yo.°
CLAVELIA.	¿Qué dices?
DORISTA.	Entra.
CLAVELIA.	¡Ay de mí!

Sale Filiberto

FILIBERTO.

De tan grande atrevimiento
sea, señora, disculpa
ser vos la causa, y la culpa,   520
mi amoroso pensamiento.
  Así que si él es culpado
de haberos dado disgusto,
pensamiento que es tan justo,
no puede ser castigado.   525
  Aunque si ya me condena,
ver los ojos que me obligan,
y ellos mi pena castigan,
volverán la gloria en pena.°
  En todo lo que se obra   530
con intención de acertarse,
debe, señora, mirarse
la intención, y no la obra.
  Ésta que a sólo agradaros
mi alma dirige a vos,   535
nos da disculpa a los dos:
vos de oirme, y yo de amaros.

CLAVELIA.

  De este vuestro atrevimiento,
que os parece que os disculpa,
ser yo la causa es la culpa   540
de tan loco pensamiento.°
  Y pues ya queda culpado

---

516 Dorista encarna una de las características universalmente atribuidas a las dueñas: la de practicar la tercería (cf. Rodríguez Marín, ed. *Don Quijote*, X, 65-67).

528-29 La oposición de *gloria* y *pena* fue un recurso usado abusivamente por Lope y otros poetas del siglo XVI; cf. L. Salembien, «Le vocabulaire de Lope de Vega», y Gillet, 129:51.

541 *loco pensamiento:* Locución que en la comedia suele aplicarse a un amor atrevido o imposible; cf. v. 2732.

de haberme dado disgusto,
lo que no puede ser justo
merece ser castigado.   545

Y así mi alma condena
los deseos que os obligan,
que si ellos no se castigan,
les dará mi honor su pena.

Si os parece que se obra   550
ese amor para acertarse,
a quien soy ha de mirarse
para que cese la obra.

Porque mal podrá agradaros
quien se ha de guardar de vos,   555
si hay distancia entre los dos
de aborreceros a amaros.

FILIBERTO.   Esa distancia infinita
que hay de aborrecido a amante,
junta Amor en el instante   560
que dos almas solicita.

No por ser aborrecido
pienso perder la esperanza,
que bien puede haber mudanza
de mi amor y vuestro olvido.   565

Un pájaro puede asirse,
un mar puede navegarse,
un juez puede ablandarse,
y un enemigo rendirse.

Lábrase el duro diamante,   570
sangre le suele romper,°
y así se puede mover
el corazón de un amante.

Pájaro, mar, juez contrario,
diamante, ablanda el rigor,   575
que al fin, como es niño Amor,°
es en las mudanzas vario.

_____

570-71 Idea muy difundida en la literatura del Siglo de Oro;
la acoge Covarrubias en su *Tesoro* con toda seriedad. Tal patraña
proviene de la *Historia natural* de Plinio, libro XXXVII, cap. 15.
576 Cf. vv. 2844-45 y nota.

CLAVELIA.   Quien de amor tiene experiencia,
                en su firmeza o mudanza
                puede tener confïanza,   580
                y en sus dolores paciencia.

                Pero yo bien podré ver
                amansar un tigre airado,
                tener el sol encerrado,
                y el vario viento coger,   585
                convertir el agua en fuego,
                la tierra al cielo subir,
                antes que ver o sufrir
                que mis ojos rinda un ciego.°

                Tigre, sol, viento, agua, tierra,   590
                todos se podrán mudar,
                que esta alma firme ha de estar,
                de amor a la paz y guerra.°

FILIBERTO.   Desespere el alma mía
                de su vana confïanza,   595
                acábese mi esperanza,
                y muérase mi alegría.

                Venga la muerte a mis años
                y acabe mi pena en ellos.
                ¡Quién tuviera esos cabellos   600
                para dar fin a sus daños!°

                Porque al salir de estas rejas,
                que más blandas que tú son,

---

589 *un ciego:* Amor.

582-93 Clavelia se declara desamorada. La mujer (u hombre)
que se afirma impermeable a los embates del amor, y luego sufre
el castigo de enamorarse perdidamente, constituye un tipo común
en la Comedia. Ejemplos bien conocidos son Laurencia en *Fuenteovejuna,* Tisbea en *El burlador de Sevilla,* atribuida a Tirso, y
Diana en *El desdén, con el desdén* de Moreto. El tipo abunda en
Calderón; cf. *Obras completas,* II, 581b, 921b, 1130d, 1253a, etc. Los
vv. 558-93 son de fino lirismo; sus resúmenes de objetos (vv. 574-
75 y 590) y uso de los cuatro elementos (vv. 584-87; cf. v. 1601 y n.)
preludian el estilo característico de Calderón varias décadas más
tarde.

600-1 Filiberto compara los cabellos de Clavelia con los de
Absalón, los cuales causaron su muerte (cfr. nota siguiente).

95

quedara como Absalón
en el lugar que me dejas.°   605
Pero quede el alma en ellos°
y denme otra muerte fiera,
que el cuerpo no mereciera
lazo de tales cabellos.

DORISTA.   ¡Qué perfiladas dulzuras,   610
y qué almíbar de razones!
¡Qué confitadas pasiones,
y qué sabrosas locuras!

Nunca pude ver, por Dios,
estos amantes de fama,   615
que todos son con su dama:
«Ojos, decírselo vos».°

¿Razones por alambique
estás ahora sacando,
cuando el brazo está aguardando   620
a que el barbero le pique?°

¿Ahora traes Absalón
y hablas de sus cabellos,
cuando te da un monte de ellos
la frente de la Ocasión?°   625

604-5 Al huir Absalón de la derrota en su rebelión contra David,
su padre, pasó por debajo de una encina y sus cabellos se enre-
daron en ella, dejándolo suspenso en el aire; estando así, lo ma-
taron sus enemigos (II Samuel, XVIII, 9-14). De ello trata el drama
de Calderón, *Los cabellos de Absalón*. Filiberto afirma que las
hebras de Clavelia son capaces de causar la muerte de él.

606 *ellos:* los cabellos de Clavelia. El concepto petrarquista del
alma del amante prendida en los cabellos de su dama era trilla-
dísimo; cf. Morby, 98:96, y T. Pebworth, «The Net for the Soul».

617 Primer verso de una *canción* de Gregorio Silvestre, publicada en su tomo póstumo de *Poesía* (Granada, 1582). El motivo básico aquí es el de los «ojos parleros»; cf. *Guzmán de Alfarache*,
126, y *Don Quijote*, VIII, 135. Desde la antigüedad clásica se decía
que el amor sale de unos ojos y penetra por otros; amplia documentación en Morby, 102:107 (agréguense León Hebreo, *Diálogos de
amor*, 357, y el comentario de C. Mignault, F. Sánchez y L. Pignoria
a Andrea Alciato, *Emblemata*, 490).

620-21 Metáfora de fuerte carga sexual.

625 A la Ocasión la solían pintar calva o con un mechoncillo de
cabellos, que el prudente debía asir sin dilación (cf. Rodríguez
Marín, ed. *La gatomaquia*, 207:12). Alciato incluye a la calva Oca-

	Algunos de éstos, presumo,	
	que porque el amor encarne,	
	quieren tanto asar la carne,	
	que se les va todo en humo.°	
FILIBERTO.	Pues, ¿qué haré yo, madre° amada?	630
	¿Cómo podré enternecella?	
DORISTA.	¿Piensas que es una doncella	
	como una mujer taimada?	
	Cuantas primerizas veo,	
	hasta que amor se confirme,	635
	tienen la lengua muy firme,	
	pero muy flaco el deseo.	
	Cuando a las tales en calma	
	tengan sus rigores vanos,	
	ponen plática de manos,	640
	la teórica del alma.	
	Cierra, cierra, que hay mujer	
	de éstas que alargan los plazos,	
	que quiere venir a brazos°	
	para dejarse vencer.	645
	De todas has de creello,	
	que tienen, sin descubrillo,	
	vergüenza para decillo	
	y libertad para hacello.	
	Llega, tómale un abrazo.	650
FILIBERTO.	Señora, no sé si acierto...	
CLAVELIA.	¿Qué es aquesto, Filiberto?	
FILIBERTO.	Amor, señora.	
DORISTA.	¡Ay, asnazo!	
CLAVELIA.	¿Qué tienes?	
FILIBERTO.	Amor, señora.	
CLAVELIA.	¿Qué haces?	

---

sión entre sus célebres emblemas *(Emblemata,* núm. CXXII, con amplio comentario).

628-29 Versos de doble sentido erótico.

630 *madre:* el mismo tratamiento dado a Celestina por sus suplicantes; era «apodo de *vieja alcahueta...*» (Diego Clemencín, ed. *Don Quijote,* 1396:16).

644 *venir a brazos:* expresión erótica.

FILIBERTO.	Señora, amor.	655
CLAVELIA.	¿Conmigo?	
FILIBERTO.	Amor y temor	
	fuerzan el alma que adora.	
CLAVELIA.	Déjame.	
FILIBERTO.	Mi amor te iguala.°	
CLAVELIA.	¿Fuérzasme?	
FILIBERTO.	Amor y fe.	
DORISTA.	Estáte siempre en el «be»,	660
	como cordero que bala.°	
	Amor, amor, ¿qué es amor,	
	sino obrar?° Obrar es ya.	
FILIBERTO.	La primera letra es A°	
	del A B C de su ardor.°	665
	Mientras que de ti me apartes,	
	no diré más, ni lo creas.	
DORISTA.	Pues si siempre deletreas,	
	nunca juntarás las partes.°	
FILIBERTO.	Dadme, mi bien, esa mano.	670
CLAVELIA.	¿Con qué fe?	
FILIBERTO.	La de marido.	
CLAVELIA.	¿Será cierto?	
FILIBERTO.	Así la pido.	
DORISTA.	¡Clavelia!	
CLAVELIA.	¿Quién es?	

---

658 Cf. «del amor se dice: que todas las cosas iguala», *Don Quijote*, I, 310. Anota Rodríguez Marín: «Dícelo San Pablo, en la *Epístola a los de Corinto*, cap. XIII, y es tópico vulgar de nuestros refranes...»

660-61 Filiberto anda balando como un cordero, deseando el amor de Clavelia, pero sin hacer nada por ganarlo (cf. vv. 121-24 y n.). Al mismo tiempo, este *be* prefigura la *be* del *abecé de amor* que sigue.

662-63 Alusión al refrán *Obras son amores, y no buenas razones* (Martínez Kleiser, *Refranero*, 46.246), recordado frecuentemente por Lope (cf. Morby, 315:66 y *El desdén vengado*, v. 1071), dando título a una comedia suya y a un auto sacramental.

664 Juego de palabras: *A* o *¡Ah!*

665 Abundan los *abecés de amor* en la literatura de la época; recuérdese el del *Quijote* (III, 76, con buena nota de Rodríguez Marín), y en Lope, *Peribáñez*, vv. 408-87, y *Los amores de Albanio y Ismenia*, 5d-7d.

669 Equívoco de subido sensualismo.

DORISTA.	Tu hermano.
CLAVELIA.	¡Ay de mí! ¿Qué haremos?
DORISTA.	Corre,
	escóndete allí.
FILIBERTO.	Sí haré. 675

Sale Leonardo

LEONARDO.	Hasta tus pies llegaré,
	si tanto Amor me socorre.
DORISTA.	No es tu hermano.
CLAVELIA.	Pues, ¿quién es?
DORISTA.	Leonardo.
CLAVELIA.	¿Cómo has entrado?
LEONARDO.	Trayendo el cuerpo el cuidado, 680
	tú, el alma y Amor, los pies.
	Y si la escala subí
	hasta llegar al cordel,°
	esperanza tengo en él
	que te has de doler de mí. 685
CLAVELIA.	Vana fue tu confïanza,
	y tu atrevimiento, loco.
LEONARDO.	Cualquiera castigo es poco
	para el bien que serlo alcanza.
	Como gigante he llegado 690
	a un cielo° que estás en él,
	cuando tú me arrojes de él
	basta el haberlo intentado.
	Que empresa de tanta gloria
	como en tus ojos se halla, 695
	el perderla y el ganalla
	hacen igual la victoria.
CLAVELIA.	¿Ha sido tuyo este enredo,
	Dorista?

682-83 Leonardo emplea la metáfora de una horca, en que Clavelia puede matar (rechazar) su amor. La base de la imagen es que él ha subido a la casa de ella por la escalera.

690-91 Los gigantes se rebelaron contra Júpiter, tratando de escalar el cielo; fueron derrotados por los dioses, que contaron con la ayuda de un mortal, Hércules.

DORISTA.	Porque hoy le hablé,
	dirás que mi enredo fue. 700
CLAVELIA.	Basta, obligada te quedo.
	Poco a poco, si te agrada,
	irás trayendo el lugar.
DORISTA.	¿No es mejor que no° buscar,
	ser una mujer buscada? 705
	¿No sabes tú que el ratón,
	cuando tiene un agujero,
	nunca goza el año entero
	segura la posesión?
	Cuando en cas de un mercader 710
	algo pretendes comprar,
	¿no le obligas a sacar
	diferencias para ver?
	Pues, ¿qué enredos hay aquí
	para que ansina los nombres, 715
	sino escoger de mil hombres
	uno que te agrade a ti?
CLAVELIA.	¿Y porque tú te mejores?
DORISTA.	Por tu bien la rienda suelto,
	y porque es el río vuelto 720
	ganancia de pescadores.°
LEONARDO.	¿Tanto en subir te ofendí?
CLAVELIA.	¿Pudo ser mayor locura?
LEONARDO.	Eres tú mi lumbre pura,
	como mariposa fui.° 725
CLAVELIA.	Yo te quemaré las alas.
LEONARDO.	Como las del corazón.
DORIS. [Ap.]	(Ya con la comparación
	al otro necio te igualas.)
	¡Ah, buen siglo de mi edad, 730
	que el requiebro más subido

---

704 Era frecuente el uso del *no* redundante con verbos de duda.
720-21 Variante del refrán corriente *A río revuelto, ganancia de pescadores.*
724-25 La mariposa atraída a la luz constituye una de las imágenes amorosas de Petrarca más vulgarizadas. A ella dedica Quevedo toda una poesía, «Túmulo de la mariposa» (en *Obras completas,* I, 231-32).

era un ¡ay! interrumpido
y una sencilla verdad!
　　Que es ver un amante ahora
hecho un costal de traiciones,　　　　　　735
andar por comparaciones
del Sol, de Febo, y la Aurora.°
　　Decir con la voz muy flaca:
«No como, si no es tormento»,
y de una legua su aliento　　　　　　　　740
huele a salpicón sin vaca.°

LEONARDO.　　Que no ablandes tu dureza
y ese rigor inhumano...

DORISTA.　　Gente suena.

CLAVELIA.　　　　　　¿Si es mi hermano?

DORISTA.　　Escóndete en esa pieza.°　　　　745

CLAVELIA.　　¿Parécete bien, Dorista?
¿Así a mi honra te atreves?

DORISTA.　　Guárdate tú como debes,
que poco importa la vista.°

Teodoro, hermano de Clavelia;
Otavio, gentilhombre

TEODORO.　　Puesto, Clavelia, que° hasta ahora　750
　　　　　　　　　　　　　　　[he sido,
como de mi descuido habrás pensado,

736-37 Dorista satiriza las trilladas comparaciones petrarquescas
de la cara de la amada con el sol (Febo) y con la aurora (véase
Fichter, ed., *El castigo*, 217:567). Continúa la sátira de los tópicos
amorosos galantes en los vv. 738-41.

741 *sin vaca:* Probablemente debe leerse *de vaca.*

744-45 La súbita aparición del tutor de una dama mientras
ella está en amores no aprobados, es un tópico de la Comedia,
como anteriormente de la *novella* italiana y de la cuentística medieval (cf. Geoffrey Bullough, *Narrative and Dramatic Sources of
Shakespeare*, II, 4-8). En el teatro de Lope, la mujer así sorprendida esconderá a su pretendiente, aun cuando no lo ame, para evitar una riña sobre el honor; cf. Fichter, ed. *El castigo*, 39.

748-49 Resulta altamente irónico que la celestinesca Dorista ex-
ponga la idea, tan debatida en esta época, de que la verdadera
honra consiste en la virtud, no en la opinión pública.

750 *Puesto que:* aunque.

101

para solicitarte igual marido
en alguna manera descuidado,
es el mayor cuidado que he tenido
ver de mis hombros el rigor quitado   755
del peso que hasta aquí los oprimía,
llegando de su efecto el cierto día.°

    La ausencia que a París hago no tiene
otra razón, porque este hidalgo hon-
                          [rado,
que conmigo a besar tus manos viene,   760
es a quien darte la palabra he dado.
Y porque hablar sus padres° nos con-
                          [viene,
que tienen en París igual estado,
a la partida quiero que le veas,
firmando aquí lo que volviendo seas.   765

    No te alborote el nuevo pensamiento,
que si el secreto es acertada cosa,
no lo es más que en tratar un casa-
                         [miento
contra la voz del vulgo licenciosa.°
Yo fío de tu raro entendimiento   770
que cuando su presencia generosa
no te obligara a lo que fue tan justo,
confïaras el tuyo de mi gusto.

OTAVIO.   Si como a forastero en León no ha
                        [sido°

754-57 Estos versos ilustran otro aspecto de la honra señalado
por W. L. Fichter (ed. *El castigo*, 37-38): que pesaba tanto sobre
los hombres que éstos deseaban quitarse de encima esa obligación
cuanto antes, casando a sus hijas o hermanas.

762 *hablar sus padres:* El verbo *hablar* regía un complemento
directo, sin la preposición *a;* cf. H. Keniston, *Syntax,* § 2.51, y
H. W. Hoge, ed. *El príncipe despeñado,* 161:1259. Otros ejemplos
en vv. 1251 y 1525+.

769 Era un tópico la censura del *vulgo* ignorante e injurioso;
pero también existía la visión contraria: que el vulgo poseía una
sabiduría y un gusto innatos. Véase Otis H. Green, «On the Attitude
toward the *vulgo* in the Spanish *Siglo de Oro».*

774 Sobra una sílaba en este verso, a menos que sea monosíla-
bo *León,* contra la práctica de Lope (cf. W. Poesse, *The Internal
Line-Structure,* 27-28).

	Otavio, que en París buen nombre tiene,	775
	de vos ni vuestros deudos conocido,	
	hoy, Clavelia, a besar vuestros pies	
	[viene.	
	Éstos como humilde y esclavo os pido,	
	aunque mi boca mi humildad detiene.	
CLAVELIA.	Paso, señor, no hagáis tan grande ex-	780
	[ceso.	
OTAVIO.	Pues la tierra en que están adoro y beso.	
	Dichoso el día que os vi, que el mismo	
	[día	
	Amor me prometió ventura tanta,	
	no porque de mis méritos confía,	
	mas porque mi esperanza me levanta.	785
	Decidme con un «sí» que seréis mía	
	antes que mueva de León la planta,	
	que no me partiré sin que el concierto	
	quede por vos y por mi alma cierto.	
CLAVELIA.	La elección de Teodoro tal ha sido,	790
	según vuestra presencia y lengua mues-	
	[tra,°	
	que aunque de mi vergüenza interrum-	
	[pido,	
	apenas niego el «sí» de que soy vuestra.	
OTAVIO.	Con su licencia, pues, la mano os pido.	
TEODORO.	Pues si hoy queréis firmar la herman-	795
	haya testigos. [dad nuestra,	
OTAVIO.	Busquen dos amigos.	
DORISTA.	Yo llamaré, señor, a dos testigos.	
[Aparte]	(Qué gentil ocasión la que se ofrece	
	para sacar de casa estos dos hombres,	

791 Era idea aceptada que la nobleza de la persona se mani-
festaba tanto en sus acciones como en su apariencia física. Tal
creencia se remonta hasta la civilización griega, para la cual el
espíritu y el cuerpo formaban una unidad (cf. D. McGrady, *HR*,
XXXIV [1966], 52). Véanse vv. 2119, 2280-83 y 2330-31, y además *Amar
sin saber a quién*, vv. 316-18, *El príncipe despeñado*, vv. 1188-97, y
Las ferias de Madrid, vv. 792-94 y 2405-6. Para Calderón, cf. *Obras
completas*, II, 158d, 317b, 765c, 809d, etc.

	que en mí, y aun en Clavelia, el temor	800
CLAVELIA.	Dorista. [crece.	
DORISTA.	¿Qué? Ya entiendo, no los nom- [bres.)	
OTAVIO.	¿Que mi ventura tanto bien merece?	
TEODORO.	De la nuestra es más justo que te [asombres.—	
[Aparte]	(¿No te agrada su talle?	
CLAVELIA.	Si es tu gusto, eso es razón que me parezca justo.)	805

Dorista con Leonardo y Filiberto,
los escondidos

DORISTA.	Estos dos caballeros he llamado.	
FILIB. [Ap.]	(¿Qué enredo es éste? ¿No es aquél [Teodoro?	
LEONARDO.	¿Éste no es el hermano de Clavelia?)	
TEODORO.	Oh caballeros, huelgo que sean tales los que de tales bodas sean testigos.	810
FILIBERTO.	Esta dueña, señor, nos ha llamado, aunque la causa no nos dijo.	
OTAVIO.	Es ésta: que yo a Clavelia doy, y ella da a Otavio palabra con expreso juramento que será mi mujer y yo su esposo. Decid que sí, que yo lo mismo digo.	815
CLAVELIA.	Digo que sí.	
LEONARDO.	Y yo, que soy testigo.	
FILIBERTO.	También yo lo seré. [Ap.] (¡Suceso es- [traño!)	
TEODORO.	Vuesas mercedes vayan en buen hora°	
FILIBERTO.	En la misma quedéis. [Ap.] (Cielos, [¿qué es esto, que a ver mi muerte vine?	820
LEONARDO.	¡Cielo airado!	

---

819 *buen hora:* forma habitual en Lope y en el siglo XVI generalmente.

	¿Aquesto vino a ver mi atrevimiento?	
FILIBERTO.	Si no fuera casándose Clavelia,	
	propósito tenía de mataros,	
	por veros escondido en su aposento.	825
LEONARDO.	Y yo, ¡por Dios!, cuando os hallé le tuve,	
	pero la igual desdicha me parece	
	que igualmente nos puede hacer amigos.	
FILIBERTO.	Vamos.	
DORISTA.	¡Qué buenos van los dos testi-	
	[gos!)°	
TEODORO.	Con esto, pues, a desnudarnos vamos,	830
	para que yo de Elisa me despida	
	mientras que los caballos prevengamos.	
OTAVIO.	Dame un abrazo, esposa mía querida.	
	Abrázale.	
CLAVELIA.	¿Que ya os partís?	
OTAVIO.	El pie al estribo es-	
	[tamos.	
CLAVELIA.	¿Si me habéis de olvidar?	
OTAVIO.	Vos sois mi	
	[vida.	835
TEODORO.	Vamos, que es tarde.	
DORISTA.	[*Aparte*] (¡Casamiento estraño!	
CLAVELIA.	Dorista, bien lo has hecho.	
DORISTA.	¡Bravo enga-	
	[ño!)	

Feliciano y Tristán, de camino°

| FELICIANO. | ¡Brava ciudad es León! | |
| TRISTÁN. | De las buenas es de Francia. | |

---

829 También al final de *La viuda valenciana* unos amantes
despreciados sirven como testigos del contrato de matrimonio de
la dama que pretendían.

837+ *Parte XIII: muy galán de camino.* En la época se vestía
con mucho lujo para viajar; cf. «Entró... no menos bizarro que
ricamente vestido de camino», Cervantes, *Novelas ejemplares*, II,
189 (con nota de Rodríguez Marín). Infinitas fueron las protestas
y premáticas contra tal derroche; cf. Fichter, ed. *El sembrar*, 170:205,
171:233 y 224:2539.

FELICIANO. ¿No bebiste?

TRISTÁN.   Estaba rancia   840
la brizna° de aquel jamón.
¡Ha, perniles de la Mancha
y vino de San Martín!°
¿Cuándo en ti mi bergantín
echará en tierra la plancha?°—   845
¿Dónde hemos de ir desde aquí?

FELICIANO. A Saluces.°

TRISTÁN.   ¿A Saluces?

FELICIANO. Pues, ¿de qué te haces cruces?

TRISTÁN. ¿Tú vas al Piamonte?

FELICIANO.   Sí,
y luego habemos° de entrar   850
en los Alpes.

TRISTÁN.   ¡Bravos son!
Por allí pasó Borbón
cuando a Roma fue a cercar.°
Pero pasólos con nieve.

---

841 *brizna:* «Una parte muy pequeñita y delgada de carne...» *(Autoridades).* Tristán explica que no bebió porque faltaba un buen acompañamiento para el vino. Cf. «¿Hay con qué beba? ... Una brizna de cecina», *El caballero del milagro,* 153b.

842-43 Cf. «Tome un poeta al aurora / dos tragos sanmartinie-gos, / con dos bocados manchegos / desto que Mahoma ignora [tocino] ...», *La buena guarda,* 340b-c. Sobre el renombre del vino de San Martín de Valdeiglesias, cf. Miguel Herrero García, *La vida española del siglo XVII,* I, 6-13, y Arco, *La sociedad,* 61. Es un rasgo fijo del gracioso de Lope su afición al vino y la carne de cerdo, pues tales preferencias gastronómicas constituyen un alarde —a veces explícito, a veces implícito— de su condición de cristiano viejo, sin mancha de sangre judía o mora (cf. vv. 855, 889).

844-45 Continuación de la metáfora náutica de los vv. 376-77 y 391-93.

847 *Saluces:* Saluzzo (ciudad del Piamonte, en el principado de Saboya; cf. n. 942-43).

850 *habemos:* forma arcaica, frecuente todavía en el siglo XVI (cf. Gillet, 266:286). Al igual que la inflexión esdrújula (cf. v. 1903 y n.), *habemos* sirve para añadir otra sílaba al verso.

852-53 El duque Carlos de Borbón (1490-1527), luego de ciertos disgustos con Francisco I de Francia, se unió a los enemigos de éste, Enrique VIII de Inglaterra y Carlos V de España. Borbón participó en la batalla de Pavía (1525), donde Francisco fue derro-tado y capturado. Para pagar a sus tropas, Borbón decidió saquear a Roma, muriendo en el ataque, comenzado el 6 de mayo de 1527.

FELICIANO.	Tú los pasarás con vino.°	855
TRISTÁN.	Cansado estoy del camino.	
FELICIANO.	Bien se anda.	
TRISTÁN.	Poco se bebe.	
FELICIANO.	¿Qué hará ahora el buen Madrid?	
TRISTÁN.	Digo yo que estará quedo.	
FELICIANO.	¿Y Arminda?	
TRISTÁN.	No tengas miedo,	860
	que la engañó un lindo ardid.	
FELICIANO.	Si se está quedo el lugar,	
	mudaráse ella.	
TRISTÁN.	No sé.	
	Por él te aseguraré	
	que así le habemos de hallar.	865
	¡Qué comparación tan breve:	
	caldero y pozo!	
FELICIANO.	¿Y qué baja?	
TRISTÁN.	Que el caldero sube y baja,	
	pero el pozo no se mueve.	
	Así serán Madrid y ella:	870
	él quedo y ella mudable.°	
FELICIANO.	No hay cosa que el necio hable	
	que no me mate con ella.	
	Esto es lo que yo temía.	
	Y Madrid, en fin, ¿qué hará?	875
TRISTÁN.	Hará sol y lloverá,	
	como otras veces solía.	
	A niño puede igualarse.	
FELICIANO.	Pues, ¿cómo a un niño un lugar?	
TRISTÁN.	Que acabado de limpiar,	880
	vuelve otra vez a ensuciarse.°	

854-55 La referencia a *vino* surge como consecuencia de la alusión a *nieve*, pues era costumbre enfriar las bebidas con nieve (cf. M. Herrero, *La vida española*, 145-76, y S. Griswold Morley, «Pozos de nieve»).

862-71 Lo mudable de la mujer era un manido tópico desde Virgilio *(Eneida*, libro IV, vv. 569-70). Amplia documentación en Victor Dixon, ed. *El sufrimiento premiado*, 125:263, Henriette C. Barrau, ed. *Los melindres de Belisa*, 241-42, y Morby, 265:148.

881 Era notoria la suciedad de Madrid; cf. Arco, *La sociedad*, 37-39, y J. Deleito y Piñuela, *Sólo Madrid es corte*, 127-38.

FELICIANO.	¡Ay, Prado mío!°
TRISTÁN.	Bien haces:
	como jumento recuerdas.
FELICIANO.	¿Cómo así?
TRISTÁN.	Porque te acuerdas
	del lugar a donde paces.° 885
FELICIANO.	Muy de aguador enojoso°
	me comparastes,° señor.
	Mas vos no sois aguador.
TRISTÁN.	Pues, ¿qué soy?
FELICIANO.	Hombre vinoso.
TRISTÁN.	Eso sí, ¡pesia a mi sayo!° 890
	Niega lo de Perpiñán.
FELICIANO.	¿Que estuve allí, ganapán?
TRISTÁN.	Borracho, ¡por San Pelayo!°
	Que dijiste que era coche
	de un albañar° el rüido, 895
	y en tu vida no has tenido
	más honra que aquella noche.
FELICIANO.	Calla, necio.
TRISTÁN.	Eso se calle.
FELICIANO.	¡Qué dos mujeres se ofrecen!

---

882 Menudean en las obras de Lope las alusiones al Prado de San Jerónimo y sus amenidades; abundante bibliografía en Fichter, ed. *El sembrar*, 229:2751 (agréguese Deleito y Piñuela, *Sólo Madrid...*, 62-67).

883-85 Juego de palabras sobre *prado-Prado*.

886 *aguador enojoso*: el asno, por ser el animal usado por los repartidores de agua.

887 *comparastes*: El empleo de la antigua terminación *-stes* por *-steis* todavía era usual en los siglos XVI y XVII (Gillet, 99:28). Más ejemplos en los vv. 2242, 2245, 2369, 2954, 2957, 2974, 2977.

890 Interjección eufemística para evitar la blasfemia *pese a nuestro Señor*. Sobre los derivados de *pesia*, cf. Rodríguez Marín, II, 8:2. Más *pesias* en vv. 1011, 1147 y 1445.

893 *San Pelayo*: (también San Pelagio), mártir español. Nació hacia 911 en Zamora o Tuy, y murió en Córdoba el 26 de junio de 925, siendo atenaceado y mutilado al no querer convertirse al Islam.

895 *albañar*: «El desaguadero, canal o conducto que hay en las casas, ciudades y pueblos para expeler y limpiar las inmundicias», *Autoridades*.

	¡Qué bien sin mantos° parecen	900
	las francesas por la calle!	
TRISTÁN.	Para la corte española	
	era buen uso.	

Salen Clavelia y Dorista

FELICIANO.	Ha, madama,	
	¿queréis ...?	
TRIST. [Ap.]	(Madama° la llama.)	
FELICIANO.	... que os sirva, pues que vais sola?	905
CLAVELIA.	Dejadme, señor.	
TRISTÁN.	Y vos,	
	¿volite, dona honorata,	
	que vi done cualque pata,°	
	digo, mano?	
DORISTA.	Andá con Dios.	
FELICIANO.	Señora ...	
DORISTA.	Dejadme, hermano.	910
CLAVELIA.	¡Jesús, qué pesado es!	
TRISTÁN.	¿Quién me hizo hablar francés,	
	que llamé pata a la mano?	
FELIC. [Ap.]	(Tristán, a mil hermosuras	
	pone este ángel falta y mengua.	915
TRISTÁN.	Enamórate en tu lengua,°	
	y déjate de locuras.)	
DORIS. [Ap.]	(Este mozo es español.	

900 «Los orígenes del manto se remontan al mundo antiguo. En el siglo XVI los textos se refieren muy a menudo a mantos femeninos usados por las mujeres de las más diversas condiciones sociales», Bernis, *Indumentaria*, 97.

904 Además de su corriente sentido honorífico, equivalente de 'señora', *madama* tenía un significado erótico; en el *Viaje del Parnaso* de Cervantes, cap. V, vv. 173-74, se alude a Venus como «... Madama, la que tiene / de tantas voluntades puerta y llaves». Cfr. también Calderón, *Obras completas*, II, 1716c.

907-8 Italiano macarrónico: «¿Queréis, señora honrada, que os dé cualque pata?» Por convención en la literatura, todo extranjero hablaba italiano, fuera de donde fuera; cf. M. Herrero García, *Ideas de los españoles del siglo XVII*, 455. Generalmente se ha considerado *cualque* como italianismo, aunque aparece en español desde Berceo (cf. Gillet, 292:61).

916 «Con gente de tu país».

109

	Pues tu hermano no está aquí,	

Pues tu hermano no está aquí,
hazle una burla.

CLAVELIA.   Sea así.)   920

FELIC. [*Ap.*] (Ésta no es mujer, es sol.°

TRISTÁN.   Sea de ivierno, porque pasa
presto, aunque tarde amanece.

FELICIANO.   Más de verano parece,
en lo que de presto abrasa.   925
Sangre me ha dado.°

TRISTÁN.   ¿En qué modo?

FELICIANO.   Aunque° la sangre me ha helado.)

CLAVELIA.   Ah, español. Diga: ¿es soldado?

TRISTÁN.   Él es soldado, y yo, y todo.

FELICIANO.   ¿Quién te mete en esto a ti?   930
¿No sabré yo responder?

TRISTÁN.   Es porque ya la mujer
se va aficionando a mí.°

FELICIANO.   Señora, soldado soy,
mas ya tan herido quedo,   935
que no sé si decir puedo
que ahora soldado estoy.

TRIST. [*Ap.*]   (Necio has andado y curioso
en negar que estás soldado.

FELICIANO.   ¿Cómo?

TRISTÁN.   Porque habrá pensado   940
que eres quebrado o potroso.)°

---

921 Uno de los mayores tópicos de la literatura de la Edad
Dorada —heredado de Petrarca— es llamar *sol* a la mujer hermosa; cf. v. 2032; *Peribáñez*, vv. 991-92; Calderón, *El médico de su
honra*, vv. 520-23; *Don Quijote*, III, 124.

926 La expresión *dar sangre*, que falta en los diccionarios, al
parecer significa 'despertar afecto'. Cf. «¿Tengo yo de querer bien /
a su prima? ... Si te ha dado / sangre, como dicen, sí; / si no
te la ha dado, no», *Lo cierto por lo dudoso*, 382a; «y pues que su
fuego vivo / con mi sangre se ha mezclado, / parentesco hemos fir-
mado: / sangre doy, fuego recibo», *El maestro de danzar*, 483c.

927 *Aunque:* Parece preferible la lección de la *Parte XIII:* «En
que...»

932-33 También en *El mejor alcalde, el rey*, cree el gracioso que
una dama está prendada de sus amores (vv. 139-50).

939-41 Era corriente el juego de palabras *soldado-quebrado;* copio-
sa bibliografía en Fichter, ed. *El sembrar*, 211:1808.

CLAVELIA.   ¿Y dónde vais?

FELICIANO.   A la guerra
                del General Condestable.°

CLAV. [Ap.]   (Talle tiene razonable.
                Quien los° alaba no yerra.   945
                    ¡Oh, España!

DORISTA.   ¿Qué es eso?

CLAVELIA.   Digo
                que es galán y gentilhombre.)—
                ¿Cómo es, señor, vuestro nombre?

TRISTÁN.   Tristán me llamo.

FELICIANO.   Enemigo,
                ¿no ves que me habla a mí?°—   950
                Feliciano me he llamado,
                que hasta ahora no he pensado
                que tal nombre merecí.

                    Ahora que pude veros,
                más que Feliciano soy.°   955

[Aparte]   (¡Cielos, perdiéndome voy!)

CLAVELIA.   No son los soldados fieros.
                    Bravos los imaginé,
                pero vos sois tierno y blando.

FELICIANO.   Es que me voy regalando,°   960
                cual cera, al sol que miré.

CLAV. [Ap.]   (¡Ay, Amor! ¿Qué siento en mí
                cuando aqueste español veo?)

942-43 Después que Enrique IV de Francia declaró la guerra a
España en enero de 1595 (cf. v. 83 y n.), el Condestable castellano,
Juan Fernández de Velasco, cruzó desde Milán a través de Saboya
(cf. n. 847) con el intento de conquistar territorio en la Borgoña.
Velasco fue derrotado en batallas libradas en mayo y junio de 1595,
pidiendo treguas en agosto; en septiembre se firmaron las treguas
de Chalons.—Desde 1473 la dignidad de Condestable, originariamente
una de las más altas del Estado español, quedó vinculada a la familia de los Velasco como mero título honorífico.

945 los: los españoles.

948-50 El gracioso entrometido que contesta cuando hablan con
otro, también hace un papel cómico en El mejor alcalde, el rey,
vv. 595-96.

955 Juego sobre feliz-Feliciano. (De paso, nótese el contraste Feliciano [feliz] - Tristán [triste].)

960 regalando: derritiendo.

FELICIANO. ¿Queréis cumplirme un deseo?
CLAVELIA. ¿Hablaréis honesto?
FELICIANO.   Sí.   965
              ¿De dónde venís?
CLAVELIA.   De ver
partir un hombre a París.
FELICIANO. ¿Era muy vuestro?
TRISTÁN.   Amadís°
se comienza a enternecer.
              Hablemos yo y vos, doña,   970
si por ventura no os pesa,
pues que sois dueña y francesa,
debéis de ser Quintañona.°
DORISTA.   ¿Sois vos Lanzarote acaso?
TRISTÁN. Soy camarada y amigo   975
de ese hidalgo, criado digo,
que siempre adelante paso.
              Digo que él viene tras mí,
aunque a caballo, y yo a pie.°
DORISTA. ¿Lacayo diréis?
TRISTÁN.   No sé,   980
su dinero traigo aquí.°
              Allá en mi tierra hay pelones,
que es grande usanza en Castilla

---

968 Siendo el *Amadís de Gaula* «el mejor de todos los libros que de este género se han compuesto...» *(Don Quijote,* I, 192), no sorprende que su protagonista sea considerado el amante por antonomasia.

972-73 Cf. «Pues en tiempo de este buen rey [Artús] fue instituida aquella famosa orden de caballería de los caballeros de la Tabla Redonda, y pasaron... los amores que allí se cuentan de don Lanzarote del Lago con la reina Ginebra, siendo medianera dellos y sabidora aquella tan honrada dueña Quintañona...», *Don Quijote,* I, 355-57.

978-79 Era costumbre que los lacayos caminaran delante de sus amos cuando éstos paseaban a caballo, y detrás cuando iban sus señores a pie. Cf. Rodríguez Marín, II, 154:12, y Fichter, ed. *El castigo,* 223:725.

981 Como indican los vv. 988-89, traer el dinero del amo era función de mayordomo, no de lacayo.

	un crïado que es malilla°	
	en todas las ocasiones.	985
	Y yo así ya con él como,	
	ya luego le ensillo el bayo,	
	porque a veces soy lacayo	
	y a veces soy mayordomo.	
DORISTA.	¿Es bien nacido?	
TRISTÁN.	Y qué tanto:°	990
	entero, cual veis, nació.	
DORISTA.	¿Es caballero?	
TRISTÁN.	Yo no.	
DORISTA.	Él, digo.	
TRISTÁN.	De vos me espanto.	
	¿No le veis en los aceros°	
	sangre apurada en crisoles?	995
DORISTA.	Que todos los españoles	
	decís que sois caballeros.°	
DORISTA.	¿Lleva gran dinero?	
TRISTÁN.	¡Madre!	
	Mil escuditos en oro,	
	pero han de enviarle un tesoro,	1000
	que tiene un tesoro el padre.	
	Y yo os daré a vos.	
DORISTA.	¡Qué coz!	
TRISTÁN.	¿No me querréis vos, mi luz?	
DORISTA.	Desvíate allá, avestruz.°	
TRISTÁN.	No quiero ollaza de arroz.°	1005

---

984 Son frecuentes en la literatura las quejas de los criados porque sus amos los aprovechan para muchos oficios distintos —esto
es, como la *malilla* en el juego de naipes. Cf. J. R. Andrews y
J. H. Silverman, *BCom*, XVII (1965), 2-3, y F. Rico, ed. *La novela
picaresca*, I, 62 (agréguese *Las ferias de Madrid*, vv. 2528-29).
990 *qué tanto:* cuánto (cf. Rodríguez Marín, V, 285:24).
994 *aceros:* «valor y fuerzas» *(Autoridades).*
996-97 Tópico muy difundido en la literatura de los siglos XVI y
XVII; se hallará amplia documentación en Gillet, 408:181.
1004 *avestruz:* «bobo y estólido» *(Autoridades).*
1005 El sentido de este verso, en relación con lo anterior, se nos
escapa. Roy C. Phillips, ed. *La francesilla,* sugiere que se daba de
comer arroz a los avestruces. Igualmente posible es que *ollaza de
arroz* sea simplemente un insulto (¿alusivo a la corpulencia de Dorista?) para contestar al improperio *avestruz.*

DORIS. [*Ap.*]   (Hablar quiero a mi señora.—
                 Clavelia, escucha.

CLAVELIA.   ¿Qué quieres?)

Habla al oído Dorista a Clavelia

FELICIANO.   ¡Oh, Tristán!

TRISTÁN.   Estas mujeres
             nos detienen aquí ahora.

FELICIANO.   ¡Oh, Tristán, estoy sin mí!   1010

TRISTÁN.   ¡Oh, pesia quien me vistió!
             Resiste.

FELICIANO.   No puedo.

TRISTÁN.   ¿No?
             Mañana te irás de aquí.

DORIS. [*Ap.*]   (¿No será burla muy buena,
             pues que no está aquí tu hermano?   1015

CLAVELIA.   ¡Estremada!— Ya es en vano
             querer encubrir mi pena.
                 Por el hombre estoy perdida.)

DORISTA.   Señor, ¿qué es vuestra intención?

FELICIANO.   Yo estoy de paso en León,   1020
             y en el alma de partida.
                 Y porque aquésta es mañana,
             si esta noche...

DORISTA.   Ya os entiendo,
             mas la dama que estáis viendo
             es de un caballero hermana.   1025
                 Y si acaso os ha de ver,
             mil escudos de oro es poco.

FELIC. [*Ap.*] (Hoy hago un hecho de loco
             por tan gallarda mujer.)
                 Tristán, dame ese dinero.   1030

TRISTÁN.   Veslo aquí.

FELICIANO.   Aquí hay mil escudos,
             y dos hombres que son mudos.

DORISTA.   Basta ser vos forastero,
             y ser español. Venid,

114

porque la casa sepáis,   1035
y anochecido vengáis.

TRIST. [*Ap.*] (¿Dístelo?

FELICIANO.   Y diera a Madrid.)

DORIS. [*Ap.*]   (Ya tengo los mil.)

CLAV. [*Ap.*]   (¡Ay, triste,
que tú le quieres burlar,
y yo el alma le he de dar!)   1040

TRIST. [*Ap.*] (¡Qué gentil locura hiciste!
         ¿Con qué has de irte?

FELICIANO.   De hablar cesa,
el caballo venderemos.)

DORISTA.   Vamos.

FELICIANO.   Siguiéndoos iremos.

CLAV. [*Ap.*] (¡Ay, español!)

FELIC. [*Ap.*]   (¡Ay, francesa!)   1045

CLAV. [*Ap.*]   (¡Ay, engaños!)

DORIS. [*Ap.*]   (¡Ay, ganancia!)

TRIST. [*Ap.*] (¡Ay, escudos!)

FELIC. [*Ap.*]   (¡Ay, vivir!)

TRIST. [*Ap.*] (Ojos que los vieron ir,
no los verán más en Francia.)°

Fin del Acto primero

1048-49 «Fórmula proverbial (de tradición juglaresca), particularmente repetida según su adaptación en el romance que empieza *Oh
Belerma, oh Belerma:* ʻOjos que nos vieron ir / no nos verán más
en Francia'», F. Rico, ed. *La novela picaresca*, I, 412:27 (cita bibliografía; agréguese ahora Samuel G. Armistead y Joseph H. Silverman,
Folk Literature of the Sephardic Jews, I, 238:30). La frase llegó a ser
habitual en la Comedia; cf. E. H. Templin, *HR*, VII (1939), 42-43,
quien registra doce ejemplos de Lope, Tirso, Quiñones de Bena-
vente y Rojas Zorrilla. Puede añadirse que se hallan derivaciones
de la fórmula en *La Diana* de Jorge de Montemayor (24), Guevara,
Menosprecio de corte (215) y Calderón, *Obras completas*, II, 462c. El
giro perdura en la poesía folklórica hasta el presente siglo: cf. Rodríguez Marín, ed. *Cantos populares españoles*, núms.3440-46; asimismo, subsiste en los proverbios: cf. *Ojos que le vieron ir, nunca le
verán volver* (Martínez Kleiser, *Refranero*, 60.494). Aquí Tristán cambia el dicho para hacerlo alusivo a los mil escudos perdidos.

Personas que hablan en este Acto segundo

FELICIANO
TRISTÁN
UN HOSTALERO
TEODORO
OTAVIO
FILIBERTO
LEONARDO
CLAVELIA
DORISTA
ELISA
UN PAJE

ACTO SEGUNDO

Feliciano y Tristán

FELICIANO.	No me entristezcas, Tristán,	1050
	mis desventuras me baste.°	
TRISTÁN.	¡Qué Circes, señor, topaste,	
	que tales formas nos dan!°	
	Tras cogernos el dinero,	
	como pájaros burlados	1055
	vamos los dos transformados:	
	yo en sátiro, y tú en carnero.°	
FELICIANO.	Boecio pinta muy clara	
	aquesa transformación.°	
	¿De qué casa de Milón	1060
	más baja forma sacara?	

1051 *desventuras ... baste:* falta de concordancia impuesta por la rima.

1052-53 Alusión a la seductora hechicera homérica *(Odisea,* libro X), que transformaba a los hombres en bestias (cf. vv. 93-94 y n.).

1057 Verso algo oscuro. Probablemente *sátiro* encierra un juego de palabras: 'hombre lascivo' y 'satírico'. Como toda comparación con animales de cornamenta, *carnero* aludirá al estado *cornudo* de Feliciano (es decir, Tristán supone que Clavelia tiene otros amantes).

1058-59 En su célebre tratado *La consolación de la filosofía,* Boecio inserta dos fábulas de Ovidio, siendo una la de Circe (cf. v. 1052). Véase José María de Cossío, *Fábulas mitológicas en España,* 57-65.

TRISTÁN.	¿Sabes en lo que se ve
	que en asno te han convertido?°
	En que apenas has comido,°
	y vas caminando a pie.	1065

¡Ah, bellacas hechiceras!

FELICIANO. Calla, que no soy yo solo,
que Amor de uno al otro polo
hace estas hazañas fieras.

Hoy de Alejandro se tacha,   1070
que haciendo a Tais servicio,
quemó el más bello edificio
del mundo encendiendo un hacha.°

Y así Grecia desterró,
juzgándolo a desatino,   1075
a Aristóteles divino,
porque a Harpálice adoró.°

TRISTÁN.   Así tu culpa autoriza
con ese ejemplo fïambre,

1054-63 Estos versos parecen estar relacionados con un conocido episodio de *El asno de oro* de Lucio Apuleyo (25). En la casa de Milón (cf. v. 1060) el protagonista desea transformarse en ave (cf. v. 1055), pero por error de su amiga, se convierte en asno (cf. vv. 1061-63).

1064 *comido:* Cf. v. 2872 y n.

1070-73. Según una anécdota contada por Plutarco, Quinto Curcio, Diodoro Sículo, Ateneo y otros, Alejandro Magno quemó la ciudad de Persépolis a instancias de la cortesana Tais. Sin embargo, ninguno de estos autores afirma que en Persépolis se encontrara «el más bello edificio del mundo». Parece haber aquí una contaminación con la historia de Eróstrato, quien, para conquistar fama eterna, quemó el templo de Artemisa en Efeso, una de las siete maravillas del mundo, y, por tanto, su «más bello edificio».

1074-77 En muchos textos Lope afirma que Aristóteles fue desterrado por amar a una mujer, pero sólo aquí y en *La Dorotea* —que sepamos— especifica quién era ésta. En *La Dorotea* dice que se llamaba *Hermia*, pero este nombre es deformación de *Hermias*, el tirano de Atarne y amigo del filósofo (cf. Morby, 229:47, que señala las posibles fuentes del error). Lo cierto del caso parece ser que Aristóteles casó con Pitias, una sobrina de Hermias, y luego con Herpilis, una antigua esclava del tirano. La *Harpálice* del v. 1077 parece ser deformación de *Herpilis (Harpálice* era nombre de tres figuras mitológicas distintas). Resulta difícil decidir si el presente error debe atribuirse a Feliciano o a su creador.

que bien dicen que la hambre 1080
los ingenios sutiliza.°
Bien fuera que tu delito
hubieras minado más.

FELICIANO.   Tarde eléboro° me das,
como Parsia dejó escrito.° 1085

TRISTÁN.   ¿Qué diablos me estás diciendo?
¿Inútiles bernardinas
a tiempo que a pie caminas
y vas de hambre muriendo?
¡Buen lance habemos echado! 1090
Harto gentil guerra fue:°
otros vuelven de ella a pie,
y tú vas estropeado.
¡Ea, vieja de Satanás,
pescador con piel de cabra!° 1095

1080-81 Cf. *La hambre despierta el ingenio* (Martínez Kleiser, *Refranero*, 29.760). La idea encuentra resonancia en la novela picaresca; recuérdese que los pupileros de Guzmán y Pablos justifican sus comidas escasas alegando que no entorpecen los ingenios de sus alumnos *(Guzmán de Alfarache*, 807; *El buscón*, 102). Cf. también S. de Covarrubias, *Emblemas morales*, II, núm. 59, y Calderón, *Obras completas*, I, 543b. La ciencia moderna ha confirmado tal noción.

1084 *eléboro:* «el eléboro negro... se da con un suceso admirable contra toda suerte de locura o manía, de do viene que al que motejar queremos de loco, le solemos comúnmente decir que tiene necesidad de eléboro», anotación del doctor Laguna a Dioscórides, IV, clii *(Pedacio Dioscórides Anazarbeo*, II, 142).

1085 *Parsia:* Nombre al parecer apócrifo, clasificado por Tristán entre las «inútiles bernardinas» de Feliciano (v. 1087). Para estas «autoridades falsas» en Lope, cf. Fichter, ed. *El sembrar*, 193:1100.

1091 Equívoco sobre *guerra;* cf. v. 2616 y n.

1095 Referencias al emblema LXXV de Alciato, «Contra los que aman a las rameras». Se representa a un pescador que viste una piel de cabra y que toma un pez en una red. Reza el epigrama (en la traducción de Bernardino Daza, *Los emblemas de Alciato traducidos en rimas españolas): «*El sargo pez (cosa maravillosa) / del amor de la cabra es encendido, / de donde el pescador con la vellosa / piel de la cabra todo bien vestido / echando la sotil red engañosa / le engaña con amor falso y fingido. / La cabra es la ramera, y el sargo pece / el triste amante que de amor perece». Como señalan C. Mignault, F. Sánchez y L. Pignoria en su comentario a Alciato, la anécdota del sargo y el pescador procede de Eliano, *Sobre la naturaleza de los animales*, libro I, cap. 23. Está claro que tanto en Alciato como en Lope, el pescador corresponde a un alcahuete (Dorista aquí).

119

FELICIANO.	No me hables más palabra.
TRISTÁN.	Manda menos y anda más.
FELICIANO.	¡Ah, villano!

TRISTÁN.   Y labrador,
que un jumento [a] andar enseña
que va cargado de leña   1100
y descargado de honor.

FELICIANO.   ¿No hizo un César romano
más indignos desatinos?°

TRISTÁN.   No iba a pie por los caminos,
las espuelas en la mano.   1105
      No le dieras los quinientos,
y ahorraras de zapatos
y compraras más baratos
estos arrepentimientos.
      ¿Dónde habemos de ir así?   1110

FELICIANO.   A mi padre escribiré
que me robaron.

TRISTÁN.   No sé
que mientas, pues yo lo vi:
      que dos hembras y un deseo
te hurtaron cuanto tenías.   1115

FELICIANO.   Así hicieron las Harpías
los manjares de Fineo.°

TRISTÁN.   ¿Otra historia?

FELICIANO.   Es lugar.°
Buscar quiero en qué ir en él,
que en lo de a pie soy novel   1120
y no puedo caminar.
      Y aun aquí descansaré
mientras lo que digo hallo.

1102-3 Probable referencia a Nerón, considerado generalmente
como el más infame de los Césares.

1116-17 Las Harpías, aves monstruosas con rostro de doncellas,
acosaron al rey Fineo por haber éste sacado los ojos a sus dos hijos;
ellas le quitaban o ensuciaban las viandas siempre que iba a comer.
«Las harpías son símbolos de los usurpadores de haciendas ajenas...
de las rameras que despedazan un hombre...» (Covarrubias).

1118 *Parte XIII:* «Este es lugar»; lección claramente superior a
la de Gálvez, ya que evita el hiato violento entre *otra* e *historia.*

TRISTÁN.   ¡Una noche de a caballo°
              cuesta mil años de a pie!   1125
                 Este parece mesón.
FELICIANO.   Las botas limpiarme quiero.
TRISTÁN.   Aquí viene el hostalero.
FELICIANO.   Tristán, disimulación.
HOSTALERO.   Mil veces vengan norabuena, prín-   1130
                                        [cipes,°
              que ésta es posada de famosos Césares.
              No pasen adelante, que en el término
              no la pueden hallar más a propósito.
              ¿Qué es del caballo? ¿Es posta? ¿Es
                                        [córcel de África?
              ¿De Frisia o Francia? ¿O es bridón de   1135
                                        [Nápoles?
              ¿Bayo de España, natural de Córdoba?°
              ¿Tordillo, overo, rucio, blando, rígido?
              ¿Queréis cebada, cardos, zanahorias,
              sopas en vino, alfalfas, henos fértiles,
              pajada, alcacer?
FELICIANO.   ¡Paso, tanto estrépito!   1140
TRISTÁN.   ¿Así son por aquí todos los huéspedes?
              Señor, no andéis ahora tan solícito,
              que no hay caballo aquí, freno, ni já-
                                        [quima.
              La posta se volvió con una epístola
              y los dos caminamos a lo rústico.   1145
              Haya sustento honrado y limpias sá-
                                        [banas.
HOSTALERO.   ¿Sustento? ¡Pesia tal!
TRISTÁN.   Pues, ¿qué hay?

1124 Esta locución erótica se refiere a la noche que pasó Feliciano con Clavelia (otro ejemplo del simbolismo sexual de *caballo*
en el v. 2868).

1130-84 El siguiente pasaje de versos sueltos esdrújulos constituye
un alarde de destreza técnica, a la vez que produce un efecto de
gran comicidad (cf. S. Griswold Morley y Courtney Bruerton, *Cronología de las comedias de Lope de Vega*, 185).

1136 Era esta ciudad famosísima por sus caballos (cf. Rodríguez
Marín, II, 232:5).

HOSTALERO.   Diez cónsules
pueden comer, oíd: manteles cándidos,
con clavellinas, alhelíes y tréboles,
orejones en Rin, manteca esguízara,   1150
almendras y melones como azúcares,
uvas, naranjas y panales vírgenes,
torreznos lampreados,° pasteles, tór-
                                        [tolas,
vitela, perdigón con limas ásperas,
capón de leche, pavo, cañas, tuétanos,   1155
pichón, conejo, arroz, sopas con ánades,
chorizos, longanizas y civérvadas.°
Daréos el mismo fénix, el pelícano.
Hay ginebradas,° salchichón de búfalo,
tortadas, manjar blanco° y almojába-   1160
                                        [nas,
truchas, barbo, salmón, róbalo y sábalo,
aunque pescado y carne niega el mé-
                                        [dico.°
Para postres, con vinos odoríferos,
malvasía,° cerveza, hipocrás° de ámba-
                                        [res,
queso de Parma,° olivas con su orégano,   1165

1153 *lamprear:* guisar una vianda, friéndola o asándola primero,
y cociéndola después en agua o vino con miel o azúcar, y especia
fina.

1157 *Parte XIII: cillérvedas.* Otras variantes de esta voz rara son
cillérvedas, cediérvedas, cidiérbedas, cideruedas, cideruelas y *cidie-
ruelas;* cf. Ramón Menéndez Pidal, *RFE,* VII (1920), 4-6. Denota el
vocablo 'los lomillos o carne de puerco pegada a las costillas'
(ídem, 4).

1159 *ginebrada:* «Cierto género de hojaldre o tortada, hecha de
manteca de vacas, azúcar y otras cosas» *(Autoridades).*

1160 *manjar blanco:* un plato compuesto de pechugas de gallina,
harina de arroz, leche y azúcar *(Autoridades).*

1162 Entiéndase, probablemente, en la misma comida; cf. *Carne
y pescado en una comida, acorta la vida* (Martínez Kleiser, *Refranero,* 9598).

1164 *malvasía:* uva dulce y fragante.

1164 *hipocrás:* bebida de vino, azúcar y canela.

1165 *Parte XIII:* «queso de España». Como es sabido, el queso
parmesano goza de fama mundial aún hoy.

	camuesa, pera, nísperos y názulas,°
	toallas, mondadientes y agua de ángeles.
FELICIANO.	La relación me ahíta.
HOSTALERO.	Entrad.
TRISTÁN.	¿No hay rábanos?
HOSTALERO.	Con pámpanos, espárrago y peruéta-

                                                    [nos.°
                        Pues para la bebida más espléndida   1170
                        hoy beberéis en oro, en plata, en ná-
                                                    [cares,
                        en porcelana, en vidrio, en corcho, en
                                                    [búcaros.

| FELICIANO. | Entra, que a este hombre ha dado la |

                                                    [tarántola,°
                        dirá que tiene por enero albérchigos.°

Entran Feliciano y Tristán

HOSTALERO.	¿Qué os digo?
TRISTÁN.	¿Qué queréis?
HOSTALERO.	Muy melancólico 1175

                        viene este caballero.

| TRISTÁN. | Desde el miércoles |

                        anda el pobrete con aquellos váguidos,
                        mirando al cielo que parece astrólogo.

HOSTALERO.	Darle quiero a beber, con unos dátiles.
TRISTÁN.	Dejadle ahora estar.
HOSTALERO.	¿Es amor?°
TRISTÁN.	Píramo 1180

                        no tuvo más.°

1166 *názula:* requesón.

1169 *peruétano:* pera silvestre.

1173 «Cuando uno está alborotado y menea la cabeza y el cuerpo descompuestamente, decimos que está atarantado» (Covarrubias).

1174 *albérchigo:* «especie de melocotón» *(Autoridades)*.

1175-80 La melancolía (cf. v. 1175) se asociaba con la pasión amorosa; cf. Morby, 242:87 y 251:107.

1180-81 Por haberse suicidado al creer muerta a su amada Tisbe
(Ovidio, *Metamorfosis*, libro IV, vv. 55-166), se consideraba a Píramo
como el prototipo clásico del leal amador.

HOSTALERO.	Pues basta, entraos, que
	[es fímera,°
	presto se pasará. ¡Oh amantes Tánta-
	[los,°
	perezosos al bien, al daño ágiles,
	colgados siempre de esperanzas frági-
	[les!

Salen Teodoro y Otavio

TEODORO.	¡Buena jornada hemos hecho!	1185
OTAVIO.	¡Hola! Esas postas pasea.	
TEODORO.	Todo ha sido sin provecho.	
OTAVIO.	Yo me huelgo que así sea,	
	para sosegar el pecho.	
TEODORO.	¡Que olvidase los papeles!	1190
OTAVIO.	Anda, no te desconsueles,	
	veré otra vez a mi esposa.°	
TEODORO.	¿Huélgaste?	
OTAVIO.	¿No es justa cosa?	
	Y aun tú más de lo que sueles.	
TEODORO.	¿Por qué?	
OTAVIO.	Por ver a tu Elisa.	1195
TEODORO.	¿Qué dirá cuando nos vea	
	dar vuelta con tanta prisa?	
OTAVIO.	Ya el alma, que te desea,	
	me parece que la avisa.°	
TEODORO.	¡Qué tierno me despedí!	1200
OTAVIO.	¿Ha mucho que la pretendes?	

1181 *fímera:* efímera, «La calentura que se termina en sólo un día» (Covarrubias).

1182 Cf. «¿Hay, por ventura, Tántalo que más fatiga tenga entre las aguas y el manzano puesto, que la que tiene el miserable amante entre el temor y la esperanza colocado?», Cervantes, *La Galatea* (II, 50). Tántalo está en el Infierno, en unas aguas que se retiran cuando trata de beber, y debajo de un árbol cuyas ramas suben cuando él quiere coger sus frutas.

1192 *esposa:* prometida (el mismo uso, corriente en la época, en vv. 1375, 1415, 1627, 1919, etc.).

1198-99 El mismo concepto en el v. 1800; cf. «él me lo [su amor] dijo, / que su alma no me habló», *Amar sin saber a quién,* vv. 149-50.

TEODORO.	Dos años ha que la vi.
OTAVIO.	¿Casarte con ella entiendes?
TEODORO.	Presumo, Otavio, que sí.
OTAVIO.	¿Quiéresla mucho?
TEODORO.	La adoro 1205
	y, ¡por vida de Teodoro!°
	que han de ser juntas las bodas
	si este negocio acomodas.
OTAVIO.	Bella es Elisa.
TEODORO.	Es un oro.—
	¡Pues, huésped!
HOSTALERO.	Señores míos, 1210
	¿dónde volvéis?
TEODORO.	A León.
HOSTALERO.	Partiendo con tantos bríos,
	¿volvéis en esta ocasión?
TEODORO.	Suceden mil desvaríos.
	Un papel que me olvidé 1215
	me hace volver, mas no importa,
	mañana volver podré.
HOSTALERO.	La jornada es harto corta.
TEODORO.	¿Hay qué comer?
HOSTALERO.	Bien, a fe.
TEODORO.	Pues, venga, mientras se ensilla. 1220
	¿No hay algún huésped acaso
	que nos ocupe una silla,
	si no es que va tan de paso
	que no coma hasta la villa?
	Porque no me sabe bien 1225
	lo que como, si camino,
	menos que a la mesa estén
	cuantos hallo en el camino.
OTAVIO.	Bien decís, y a mí también.
HOSTALERO.	Todos, por mi bien, se han ido. 1230
OTAVIO.	Quizá por miedo del sol.

1206 «Se jura por lo que se adora o mucho se estima: por Dios,
por la vida, por la salud, por las personas amadas, etc...», Rodríguez
Marín, II, 34:12.

TEODORO.	¿Que no hay nadie?
HOSTALERO.	Aquí ha venido
	un gentilhombre español,
	de buen talle y bien vestido.
TEODORO.	¿Español?
OTAVIO.	¿Español?
HOSTALERO.	Sí, 1235
	pero con tristeza estraña.
OTAVIO.	¿Español? Llamadle aquí,
	sabremos nuevas de España.
HOSTALERO.	No es hombre que saldrá así,
	fuera de que es gran tristeza 1240
	la que trae en la cabeza.
TEODORO.	Convidémosle a comer.
OTAVIO.	Más cortesano ha de ser.
	¿Adónde está?
HOSTALERO.	En esta pieza.
OTAVIO.	Ah, señor español.

Sale Tristán

TRISTÁN.	¿Quién 1245
	busca a mi señor?
OTAVIO.	Decid
	que dos hombres.
TRISTÁN.	Está bien.

Sale Feliciano

FELICIANO.	¿Son acaso de Madrid?
TRISTÁN.	¡Oh, que mal Madrid te den!°
	Franceses son de León. 1250
	Bien es que hablarlos procures,

___

1249 Maldición jocosa, que sigue la construcción de las imprecaciones corrientes, mediante el empleo del verbo *dar (te den)*. La gracia consiste en que Tristán dice *mal Madrid* en lugar del usual término de maldición *(mala muerte, mal garrotazo, mal año,* etc.). Sobre las fórmulas de maldición, cf. Gillet, 270:49.

	que al fin caballeros son.	
	Llega.	
TEODORO.	¡Oh, español!	
FELICIANO.	¡Oh, mosiures!°	
OTAVIO.	¿Soldado?	
FELICIANO.	En la profesión.°	
TEODORO.	¿Triste dicen que venís?	1255
	Alegraos, por cortesía,	
	que éste es alegre país.°	
OTAV. [*Ap.*]	(¡Buen talle, por vida mía!)	
FELICIANO.	Si de veras lo decís,	
	recibo merced.	
TEODORO.	Hacér-	1260
	nosla° podéis en comer	
	hoy, español, con los dos.	
TRIST. [*Ap.*]	(Brindarle° quieren, ¡par Dios!	
	Él se ha de echar a perder.)	
FELICIANO.	Es gran merced para mí.	1265
TEODORO.	¿Qué hay de España?	
FELICIANO.	Nada oí	
	que sea nuevo ni se escriba.	
	Partió el Archiduque.°	
OTAVIO.	Viva	
	mil años.	
FELICIANO.	Dios lo haga así.	

1253 *mosiur*: una de las varias transcripciones españolas de *monsieur* (cf. A. G. Reichenberger, ed. *Carlos V en Francia*, 192:16+).

1254 Recuérdese el juego *soldado-quebrado* de los vv. 939-41.

1257 Para la fama de alegres de los franceses, cf. M. Herrero, *Ideas de los españoles*, 407.

1260-61 Un tipo de encabalgamiento raro en Lope.

1263 *brindar*: «Convidar, y en cierta manera provocar a uno para que beba, al mismo tiempo que él va a beber», *Autoridades*.

1268 *Archiduque*: Alberto de Austria (1559-1621), hijo del emperador Maximiliano II y la infanta María de Austria, sirvió a Felipe II como gobernador de Portugal hasta 1595, cuando volvió a Madrid. Al morir su hermano, el archiduque Ernesto, Alberto le sucedió como gobernador de los Países Bajos españoles. El 28 de agosto de 1595 Alberto partió de Madrid para Flandes; a esta partida, muy pomposa, se refiere este verso. Alberto dirigió la guerra contra Enrique IV de Francia (cf. vv. 83, 942-43) en Picardía. Véase la nota a los vv. 119-20.

TEODORO.	¿El Rey bueno?°
FELICIANO.	Dios le guarde, 1270

con el sucesor divino,°
águila que emprende alarde
contra el azor sarracino°
y el azor de Asia cobarde.°

OTAVIO.	¿Vais al Piamonte?
FELICIANO.	Allá voy. 1275
TEODORO.	¿De qué estáis tan triste?
FELICIANO.	Estoy

triste desde ese lugar.°

OTAVIO.	¿Queréis la causa contar?

Perdonad si enojo os doy.

FELICIANO.	No es nada.
TEODORO.	Decid lo que es, 1280

porque si tiene remedio
en vida o en interés,
no estáis del África en medio,
sino del reino francés.

Dineros, amigos, vida,   1285
desde aquí os queda ofrecida.°

FELICIANO.	Mientras que ponen la mesa,

os quiero contar mi empresa.

OTAVIO.	Será con piedad oída.
FELICIANO.	Del furor de un padre airado 1290

salí por fuerza a la guerra
con mil escudos en oro,

1270 Felipe II (1527-98).
1271 Felipe III (1578-1621).
1272-73 Referencia a los esfuerzos de Felipe II para someter a
los rebeldes moriscos, cuya expulsión se discutía desde 1582, aunque
sólo se llevó a cabo en 1609, bajo Felipe III. En otro nivel, existe un
simbolismo religioso aquí, pues el águila representaba a Cristo,
y el halcón (o azor) figuraba la maldad (cf. George Ferguson, *Signs
and Symbols in Christian Art*, 17-18).
1274 Alusión a los turcos, cuyas piraterías en el Mediterráneo
siguieron por largo tiempo después de su derrota en la batalla naval
de Lepanto (1571).
1277 *ese lugar:* León.
1285-86 Concordancia de verbo y adjetivo únicamente con el último sujeto (cf. Keniston, *Syntax*, 26.863, 36.422 y 36.432).

mientras que llegaban letras.
Llegué a la gran Zaragoza,
en edificios soberbia,   1295
a Perpiñán, a Tolosa,
y a la francesa Provenza:
Languedoc y el Delfinado.
Y entré en León una siesta,
donde a la puerta famosa   1300
vi dos mujeres francesas:
una moza, ángel en todo,
otra en todo diablo y vieja,
que de ver partir a un hombre
a París, daban la vuelta.   1305
Saludélas muy cortés,
saludáronme, y habléslas,
pero hay a veces saludes
para que de rabia mueran.°
Enamoróme aquel ángel   1310
y engañóme aquella vieja:
aquélla me lleva el alma
y ésta la bolsa me lleva.
Yo, que no tengo del todo
cerrada bien la mollera,°   1315
con lúcidos intervalos
y española gentileza
di el alma al ángel que digo
y la bolsa a la tercera,
y otra alma en los mil escudos,   1320
porque eran el alma de ella.°
Supe su casa, y en viendo
cerrar la noche, a su puerta
llamo con señas y abrieron

1306-9 *Saludélas... mueran:* juego de palabras basado en el embe-
leco de ciertos embaucadores que decían saber *saludar,* i.e., «curar
del mal de rabia por medio del soplo, saliva, y otras ceremonias...»
(Autoridades). Feliciano afirma que se muere de *rabia* (enojo), a
pesar de que las damas le *saludaron.*
1314-15 *no tener cerrada la mollera:* mostrar poco juicio y asien-
to *(Autoridades).*
1321 *ella:* la bolsa.

en conociendo las señas.   1325
La vieja quiso burlarme,
pero la moza traviesa,
enamorada y perdida,
a todo me dio licencia.
Quisiera que me quedara,   1330
pero la taimada dueña
traspúsomela otro día,°
que nunca más supe de ella.
Resfrióseme el amor
echando menos la prenda,   1335
o echando menos el oro,
que fue la nieve más cierta.°
Vendí un frisón que tenía
y tomando a pie la senda
de este lugar, vengo ahora   1340
haciendo a mi bolsa endechas.
Ésta es mi historia, señores,
si queréis saber más nuevas,
la dueña llaman Dorista
y la señora, Clavelia.   1345

TEOD. [*Ap.*]   (No me ha quedado color.
OTAVIO.   Disimula.
TEODORO.   Así conviene.
OTAVIO.   Si esto es verdad, morir tiene.
TEODORO.   ¡Ah, Cielos!
OTAVIO.   ¡Notable amor!
TEODORO.   Déjame con él a mí,   1350
que a León le he de llevar.)—
¿A pie habéis de caminar?
FELIC. [*Ap.*] (No puedo más.) Señor, sí.
TEODORO.   Eso no, que un caballero
cual vos merece favor.   1355
¿Qué me daréis vos, señor,
por otro tanto dinero?°

1332 *otro día:* al día siguiente.
1337 Es decir, la pérdida del oro enfrió su amor.
1357 Una suma igual a la que Feliciano perdió.

FELICIANO.	No tengo seguridad
	más que mi palabra y Dios.
TEODORO.	Yo quiero fïar de vos, 1360
	y a vuestro padre avisad.
	Que me lo remita aquí
	o en letras a Bisanzón.
	Pero volved a León
	conmigo, porque está allí. 1365
FELICIANO.	Echarme quiero a esos pies,
	pues vos me echáis en prisiones.°
TEODORO.	Éstas son obligaciones
	de un gentilhombre francés.—
	¿Comeremos?
TRISTÁN.	Ya está a punto. 1370
TEODORO.	Pues vamos alegremente.
	Buen huésped, venga esa gente.—
[Aparte]	(¿Qué hay, Otavio?
OTAVIO.	Estoy difunto.
TEODORO.	¡Vive el Cielo, que es mi hermana!
OTAVIO.	¡Vive el Cielo, que es mi esposa! 1375
TEODORO.	Morirá muerte afrentosa.
OTAVIO.	Morirá muerte inhumana.)
FELIC. [Ap.]	(Tristán, no estamos desnudos.
TRISTÁN.	¿Cómo así?
FELICIANO.	¡Bravos consuelos,
	o franceses de los Cielos! 1380
TRISTÁN.	Pues, ¿qué hay?
FELICIANO.	Danme mil escudos.)

Salen Clavelia y Dorista

DORISTA.	Alza, Clavelia, los ojos,
	no tengas de eso vergüenza.
CLAVELIA.	A perseguirme comienza
	y a darme, Dorista, enojos. 1385

1367 Caso de ironía dramática (o sofoclea), en que el personaje no se da cuenta de todo el significado de lo que dice.

	¿Tuya la culpa no fue?	
DORISTA.	Pues, ¿qué es lo que ahora tienes?	
CLAVELIA.	Con gentil descuido vienes.	
	Mátame.	
DORISTA.	¡Bien, por mi fe!	
	¿De mil escudos en oro	1390
	que tienes, soy yo culpada?	
CLAVELIA.	Eso no importa nada.	
DORISTA.	Pues, ¿qué falta?	
CLAVELIA.	El hombre adoro.	
DORISTA.	¿Que le adoras? Anda ya,	
	que es fímera y accidente.°	1395
CLAVELIA.	¿Accidente un hombre ausente	
	que en obligación me está?	
DORISTA.	¿Obligación? Eso aclara.	
	¿Burlando no le metí?	
CLAVELIA.	Pues él se burló de mí.	1400
DORISTA.	¿Qué?	
CLAVELIA.	Burlóme.	
DORISTA.	¡Tarara!°	
	¿Llevóte joya, cadena,	
	u otra cosa?	
CLAVELIA.	Sí llevó.	
DORISTA.	¿Qué joya?°	
CLAVELIA.	¿Quieres que yo	
	te lo diga a boca llena?	1405
DORISTA.	¡Ay de mí! ¿Cómo, traidora,	
	así burlas mi opinión?	
CLAVELIA.	Dísteme tú la ocasión,	
	¿y estásme gruñendo ahora?	

1395 *accidente:* «El crecimiento de la calentura...», Covarrubias.

1401 *¡Tarara!:* Como interjección que expresa incredulidad, esta voz viene a coincidir con *tararira*, significado desconocido a los diccionarios. Al verso le falta una sílaba *(¡Tararara!* en la *Parte XIII).* También tiene una sílaba menos el v. 2370, en tanto que a los vv. 1946 y 2344 les sobra una.

1404 Aunque no registrado por los diccionarios, *joya* con el valor de 'virginidad' es vulgar en el Siglo de Oro (cf. únicamente *Don Quijote,* III, 233 y 404).

Pon junto a la estopa el fuego   1410
y dile que no se arda.°

DORISTA.   Al hecho el consejo tarda,°
pon a tus penas sosiego.
Estranjero es y está ausente.
En lo demás de tu esposo°   1415
habrá remedio forzoso,
quiero decir conveniente,
que en manos está el pandero ...°
Vuélveme ese rostro acá,
que más firme te pondrá   1420
que suele estar el acero.
Sabe que soy medio bruja°
y os pondré en paz a los dos.
Para eso crió Dios
vino estítico° y aguja.   1425

CLAVELIA.   No, madre, monja he de ser.
El español, o no más.

DORISTA.   Bien a tu hermano darás
qué sospechar y qué hacer.

CLAVELIA.   ¡No supieras un conjuro   1430
para que este hombre volviera!

DORISTA.   No hables de esa manera.

CLAVELIA.   Verle, adorarle procuro.
¿Dónde están unos que enseñan
en un espejo a quien quieren?°   1435

1410-11 Muchos son los refranes que utilizan la metáfora del fuego y la estopa; por ejemplo, *El hombre es el fuego, la mujer la estopa, viene el diablo y sopla* (Gillet, 621:217).

1412 Cf. *Hecho el hecho, huelga el consejo; Ya acaecido el hecho, tarde llega el consejo* (Martínez Kleiser, *Refranero*, 12.831-32).

1415-25 Igual que la madre Celestina (I, 59, 70, 79-80; II, 25, 146), Dorista remedia virginidades perdidas.

1418 Refrán registrado por Gonzalo Correas en su *Vocabulario de refranes y frases proverbiales: En manos está el pandero, que le sabrá bien tañer* (cf. también Gillet, 574:129). En *La Celestina* (II, 67) se aplica tal dicho a la alcahueta, al igual que aquí.

1422 Otra coincidencia de Dorista con Celestina, que era «un poquito hechicera» (I, 70).

1425 *estítico*: que tiene la virtud de apretar los tejidos del vientre.

1434-35 «Gente perdida y dada al demonio, con su ayuda representan en un espejo todo lo que desea ver el consultante...», Cova-

133

DORISTA.	¿Qué dirán los que te oyeren	
	lo que tus deseos sueñan?	
	No porque ésa es mucha empresa	
	para mi ciencia, señora,	
	que haré, si quiero, en un hora°	1440
	nacer berros a una artesa.°	
CLAVELIA.	¡Ay, Dorista, véale yo!	
DORISTA.	¿Que así el español te mata?	
CLAVELIA.	De esta manera me trata.	
DORISTA.	¡Pesar de quien me parió!°	1445
	¡No lo hubiera yo sabido!	
	Tomara cinta o cabellos,	
	que yo le hiciera con ellos	
	despertar de tanto olvido.°	
CLAVELIA.	¿Y sin ellos?	
DORISTA.	¿Que eso pasa?	1450
	¡Ah, Cielos, quién los tuviera!	
	Que aquesta noche él viniera	
	por los aires a tu casa.°	

---

rrubias. Tal idea, proveniente del Oriente y muy difundida en el folklore internacional, atribuía a Alejandro Magno y a Virgilio espejos mágicos. Cf. D. Comparetti, *Vergil in the Middle Ages*, 303-4; James G. Frazer, *Folk-Lore in the Old Testament*, 258-62; Stith Thompson, *Motif-Index of Folk-Literature*, motivos D1163 y D1323.1. En la literatura del Siglo de Oro, pueden citarse, a título de muestra, los casos de Luis Vélez de Guevara, *El diablo cojuelo*, tranco VIII; Lope, *La campana de Aragón*, 290b; *El Perseo*, 94a; Calderón, *Obras completas*, I, 188c, 629b-c, 987b-88b, 1404b-05a, etc.; II, 141d, 1895c-97c, 1963a-66b, 2119a-21d. Cf. también Mario Pavia, *Drama of the Siglo de Oro: A Study of Magic, Witchcraft, and Other Occult Beliefs*, índice.

1440 *un hora:* apocopación usual en Lope (cf. Poesse, *The Internal Line-Structure*, 54:5).

1440-41 «Para encarecer los embustes de alguna vieja, notándola de hechicera, decimos que hará nacer berros en una artesa», Covarrubias. Bibliografía en Rico, ed. *La novela picaresca*, I, 719:18.

1445 Eufemismo por no blasfemar *pesando a Dios;* cf. v. 890 y n.

1447-49 En los conjuros mágicos, ciertas prendas de una persona (inclusive su pelo y uñas) otorgan un poder absoluto al mago que las obtiene. Así, por ejemplo, Celestina sabe que la consecución del cordón de Melibea colocará a esta joven bajo su dominio (I, 195).

1451-53 El hacer concurrir a una persona a determinado sitio es otro conjuro popular. Cf. «la más famosa hechicera que hubo en el mundo, a quien llamaron *la Camacha de Montilla*... traía los hom-

Un Paje.	Por la posta° llega ahora	
	tu hermano, señora, aquí.	1455
Clavelia.	¿Mi hermano?	
Paje.	Señora, sí.	
Clavelia.	¿Teodoro?	
Paje.	Sí, mi señora.	
Clavelia.	¿Y quién con él?	
Paje.	Viene Otavio	
	y un caballero estranjero.	
Clavelia.	¿Estranjero y caballero?	1460

Salen Teodoro, Otavio, Feliciano
y Tristán

Teod. [*Ap.*]	(Aquí vengaré mi agravio.)	
Clavelia.	¡Hermano mío!	
Teodoro.	¡Mi hermana!	
Clavelia.	¡Señor Otavio!	
Otavio.	¡Mi bien!	
Teod. [*Ap.*]	(Aquí pienso entender bien	
	si ésta fue infame y liviana.)	1465
Felic. [*Ap.*]	(Tristán, yo vengo vendido:	
	éste es de Clavelia hermano.	
Tristán.	Disimula, Feliciano.	
Feliciano.	Yo soy muerto.	
Tristán.	Yo, perdido.)	
Clavelia.	¿Cómo tan presto venís?	1470
Teodoro.	Olvidéme los papeles.	
Clavelia.	Son los descuidos que sueles.°	
Otavio.	Llegara muerto a París,	
	si a veros hoy no volviera.	
[*Aparte*]	(¡Oh, infame, si esto es verdad,	1475

---

bres en un instante de lejas tierras...», Cervantes, *El coloquio de los perros*, 334 (con erudita nota de A. G. de Amezúa y Mayo). Véase también Gillet, 628:151.

1454 Nótese cómo la oposición paralelística *(por los aires... Por la posta)* desinfla la retórica de Dorista.

1472 Hay que suplir *tener* al final.

	hoy verás mi voluntad
	convertido en rabia fiera!°
TEODORO.	Otavio, muy descuidado
	está el español.
OTAVIO.	Yo creo
	que alguna, con mal deseo, 1480
	le puede haber engañado,
	que por cogerle el dinero,
	fingió de tu hermana el nombre.)
CLAV. [Ap.]	(¡Cielos! ¿Quién es aquel hombre?
DORISTA.	¡Ay, señora, el estranjero!) 1485
FELIC. [Ap.]	(Si yo no doy a entender
	a Clavelia este suceso,
	que soy perdido confieso
	y que ella se ha de perder.)
	Señora, si no os he hablado, 1490
	perdonad la cortesía,°
	porque desde cierto día
	os estoy desobligado.
	Digo, a todas las mujeres,
	porque en aqueste lugar 1495
	me pudo alguna burlar
	y, en efecto, tú lo eres.

Vaya haciendo señas para que le entienda

                    Esto le conté a tu hermano,
                    que por no ser caso honesto,
                    a encubrirlo estoy dispuesto,   1500
                    por no parecer villano.
                    Y él es tan buen caballero
                    que a su casa me ha traído,
                    porque prestarme ha ofrecido
                    para el camino dinero.   1505

1476-77   El amor *(voluntad)* que se vuelve odio constituye un tópico en la literatura desde que José rechaza las insinuaciones de la
mujer de Putifar (Génesis, XXXIX), e Hipólito resiste la pasión in-
cestuosa de Fedra (Eurípides, *Hipólito;* Séneca, *Fedra).*
1491   *cortesía:* es decir, la falta de cortesía.

	Yo, del suceso ignorante,	
	me vine con él aquí,	
	para que como a él, a mí	
	me mandes de aquí adelante.	
CLAVELIA.	Ya, señor, os he entendido	1510
	que decís que os han burlado.	
	Aquí seréis regalado	
	y de mi casa servido.	
	Que lo que gusta mi hermano	
	es sola mi voluntad.	1515
FELICIANO.	Según eso, en la ciudad	
	podré andar con paso llano,	
	por no malograr el fruto	
	de la merced de esta casa.	
CLAV. [Ap.]	(¿Has caído en lo que pasa,	1520
	Dorista?	
DORISTA.	¡Oh, español astuto!)	
CLAVELIA.	¿Cómo os llamáis?	
FELICIANO.	Feliciano.	
	¿Y vos?	
CLAVELIA.	Clavelia es mi nombre.	
FELICIANO.	Bésoos los pies.	
TEOD. [Ap.]	(Mata el hombre.	
	Por mi fe, que el cuento es vano.)	1525

Llega a hablarlos

FELICIANO.	Señores, aquí en León	
	mucho se debe de usar	
	a las mujeres llamar	
	Clavelias.	
TEODORO.	¿Por qué razón?	
FELICIANO.	Porque ese nombre tenía	1530
	esta que a mí me engañó.	
TEODORO.	¿Y Dorista se llamó	
	la dueña?	
FELICIANO.	Así se decía.	
OTAV. [Ap.]	(Sin duda le han engañado	

	y ofendiendo su opinión,	1535
	hicieron esta traición	
	con su nombre disfrazado.	
TEODORO.	¿Quién lo duda? Que una dama	
	cual mi hermana no podía	
	hacer tal bellaquería.	1540
OTAVIO.	¡Que pude ofender su fama!	
	Al Cielo perdón le pido.	
TEODORO.	Aún no estoy asegurado.)—	
	La mujer que te ha engañado,	
	¿vive en lugar conocido?	1545
FELICIANO.	Vamos, yo la enseñaré.	
OTAV. [Ap.]	(Sin duda dice verdad.)	
TEODORO.	Vamos a ver la ciudad.—	
	Luego, hermana, volveré.	
CLAVELIA.	Id, mi señor, en buen hora.	1550
FELICIANO.	Clavelia, quedad con Dios,	
	que por lo que toca a vos,	
	no digo nada, señora.	
CLAVELIA.	Yo así lo tengo entendido.	
FELICIANO.	Vamos.	
TEOD. [Ap.]	(Ello ha sido incierto,	1555
	pero, ¿quién le hubiera muerto?	
OTAVIO.	Necedad hubiera sido.)	
FELIC. [Ap.]	(¡Qué bien negocié, Tristán!	
TRISTÁN.	¿Quién dirás que es la mujer?	
FELICIANO.	¡Ay, mi bien!	
TRISTÁN.	Eso has de hacer.	1560
	Camina, que te verán.)	

Vanse

CLAVELIA.	¡Notable suceso!
DORISTA.	¡Grave!
CLAVELIA.	¡Oh, Feliciano discreto!
DORISTA.	Yo ya le quiero.
CLAVELIA.	En efecto,
	es español.

138

DORISTA.	Mucho sabe.	1565
	Bien ha remediado el caso.	
CLAVELIA.	¿Cómo a contársele vino?	
DORISTA.	Es muy propio del camino,	
	cuando se encuentran acaso.	
	Y este volver de tu hermano	1570
	y el que ha de ser tu marido,	
	por certificarse ha sido	
	y que lo procura es llano.	
	Y plega° a Dios que no vayan	
	a que enseñe la mujer.	1575
CLAVELIA.	Dorista, ¿qué puedo hacer?,	
	que mil cosas me desmayan.	
DORISTA.	Dale aviso en un papel	
	del peligro y del remedio.	
	Mas está de Scila en medio	1580
	y de Caribdis crüel.°	
CLAVELIA.	Con todo, en eso confío,	
	que el juicio de este español,	
	claro y sutil como el sol,	
	será su remedio y mío.	1585

Sale Filiberto con Leonardo

FILIBERTO.	En ausencia de su hermano	
	pienso aliviar mi tormento.	
LEONARDO.	Ya di mi esperanza al viento	
	y mi pensamiento vano.	
	En efecto, fue a París.	1590
CLAVELIA.	¿Quién sube, Dorista?	
FILIBERTO.	Amigos.	
DORISTA.	¿Cómo así?	
LEONARDO.	Los dos testigos.	

1574 *plega:* plazca (cf. Rodríguez Marín, I, 105:15).

1580-81 *Scila... Caribdis:* el escollo de Escila y el remolino de Caribdis hacen peligrosa la navegación del estrecho de Mesina, entre Sicilia e Italia. La antigüedad clásica consideraba a Escila y Caribdis como dos feroces monstruos, y para la literatura del Siglo de Oro, son sinónimos del peligro.

CLAVELIA.	Pues, ¿ahora a qué venís?
FILIBERTO.	A ver si hay en qué servir
	sobre el negocio pasado. 1595
DORISTA.	¿Fue testamento cerrado,°
	que le queremos abrir?
FILIBERTO.	Clavelia, en quien satisfizo
	su poder Naturaleza
	y lo que es mortal belleza 1600
	de cuatro elementos° hizo.

    ¡Qué poco en el fundamento
que tu bello cuerpo encierra
gastó de agua, fuego y tierra
y cuánto te dio del viento!° 1605

    Tierra en ti nadie la pida,
pues tanto cielo atesoras,
y agua menos, que si lloras,
aun ésa es agua fingida.

    Pues si no hay fuego en la sierra 1610
de tu helada condición,
viento las tres partes son,
y va el fuego, el agua y tierra.

    Y así tu disculpa alcanza
mi perdón, Clavelia hermosa, 1615
pues es cosa en ti forzosa,
siendo viento, hacer mudanza.

    Notable mudanza has hecho
dentro de un hora conmigo:
ya fui esposo y ya testigo 1620
del que ya vive en tu pecho.

    Ya que matarme querías,
¿por qué ha sido de una vez?,
que el más tirano jüez
da término de tres días. 1625

1596 *testamento cerrado:* el otorgado en cubierta sellada, y que sólo puede abrirse cumpliendo ciertas condiciones.

1601 Los cuatro elementos pitagóricos y aristotélicos, tan aludidos en la literatura de la época, eran la tierra, el agua, el fuego y el aire (cf. vv. 1604-5).

1605 Por ser ella, como el viento, muy mudable (cf. vv. 1617-18).

140

CLAVELIA.	Si en ausencia de Teodoro
	y de mi marido Otavio
	te atreves a hacerme agravio
	contra mi honor y decoro,
	a Leonardo contra ti 1630
	me quejo de este mal trato.
LEONARDO.	Y yo de tu pecho ingrato.
	Pero, ¿qué quieres de mí?
	¿Quieres que vuelva la espada
	contra un hombre que aborreces? 1635
CLAVELIA.	No quiero la que me ofreces,
	que otra espero tan honrada.
	Aquí está Teodoro.
LEONARDO.	¿Aquí?
CLAVELIA.	Sí, que el camino dejó.
FILIBERTO.	¿A qué efecto se volvió? 1640
	La causa, Clavelia, di.
CLAV. [Ap.]	(De éstos quiero aprovecharme,
	Dorista, por cuya mano
	se librará Feliciano.)
LEONARDO.	¿A qué han venido?
CLAVELIA.	A llevarme. 1645
FILIBERTO.	¡Cómo!, ¿a París?
CLAVELIA.	Eso intenta
	Teodoro, por dar contento
	a Otavio.
FILIBERTO.	¿Y del casamiento
	estás, Clavelia, contenta,
	perdiendo tu tierra así? 1650
CLAV. [Ap.]	(Oye aparte un gran secreto.
	¿Prometes callar?
FILIBERTO.	Prometo,
	a fe de hidalgo.
CLAVELIA.	Oye.
FILIBERTO.	Di.
CLAVELIA.	Yo caso contra mi gusto
	y sintiendo aqueste agravio, 1655
	quiero hacer matar a Otavio,
	sea justo o no sea justo.

FILIBERTO.	¿Cómo lo puedes hacer?
CLAVELIA.	Tengo un español soldado

FILIBERTO. ¿Cómo lo puedes hacer?
CLAVELIA. Tengo un español soldado
para darle muerte hablado   1660
y aun pagado podría ser.°
FILIBERTO. ¿Y dónde está?
CLAVELIA.   Va con ellos
por León entretenido.
FILIBERTO. ¿De qué los ha conocido?
CLAVELIA. Porque le trajeron ellos.   1665
FILIBERTO. ¿Hicieron en el camino
esa amistad?
CLAVELIA.   Creo que sí.
FILIBERTO. ¿Y en qué te sirves de mí?
CLAVELIA. Hoy librarle determino
y si tú me das favor,   1670
la palabra cumpliré
que antes te di.
FILIBERTO.   Pues sí haré.
Mas, ¿qué te obliga?
CLAVELIA.   Tu amor.
FILIBERTO. ¡Mi amor! Cielos, ¿tal escucho?
¿Cómo no me vuelvo loco?   1675
¿Qué tengo de hacer?°
CLAVELIA.   Bien poco,
aunque nos importa mucho.
Ve y haz llevar un caballo
a la puerta en que se huya.
FILIBERTO. Voy fïado en la fe tuya   1680
y iré yo mismo a esperallo.
CLAVELIA. Eso no, un lacayo envía,
que a quien le pida, le dé
por este anillo.°

1661 Referencia velada a su entrega a Feliciano.
1676 En el Siglo de Oro, se empleaba más *tener de* que *tener que* para expresar necesidad (cf. Reichenberger, ed. *Carlos V*, 215:1158).
1683-84 El anillo de Clavelia ha de servir de identificación (antiguo motivo novelesco) para la entrega del caballo. Más tarde, ella misma irá por el animal, disfrazada de lacayo (esto transcurre fuera del escenario, antes de los vv. 1994-2020).

FILIBERTO.	Sí haré.	
CLAVELIA.	Vete.	
FILIBERTO.	Adiós, Clavelia mía.)	1685

Vase éste

LEONARDO.	¿Fuese Filiberto?	
CLAVELIA.	Fuese.	
LEONARDO.	Pues, ¿sin hablar?	
CLAVELIA.	¡Ay, Leonardo, de ti mi remedio aguardo!	
LEONARDO.	Pues, ¿hay en qué te sirviese?	
CLAVELIA.	A Otavio me va a matar.	1690
LEONARDO.	¿Por qué?	
CLAVELIA.	De envidia.	
LEONARDO.	¿Qué haré?	
CLAVELIA.	Avisarle.	
LEONARDO.	¿Sí podré, Clavelia, a Teodoro hallar? ¿No van juntos?	
CLAVELIA.	Juntos van y un español va con ellos.	1695
LEONARDO.	Pues, ¿cómo podrá ofendellos?	
CLAVELIA.	Muy bien, si al descuido están, y lleva gente consigo. Mas si le avisas, yo creo que encenderás su deseo de matar a su enemigo. Mejor es no hablar con él, sino dar a aquel soldado, Leonardo, un papel cerrado.	1700
LEONARDO.	Pues alto, escribe el papel.	1705
CLAVELIA.	Yo voy, espérame aquí.	
LEONARDO.	Pues en toda la ciudad los buscaré.	
CLAVELIA.	Voluntad me debes.	

LEONARDO.	Tú, el alma a mí.—

No lo acierta Filiberto,   1710
Dorista, en matar a Otavio.

DORISTA.   ¡Matar! ¿Cómo, por qué agravio?

LEONARDO.   De envidia de este concierto.

DORISTA.   ¿Hase visto tal maldad?

LEONARDO.   Yo pienso, hasta que le halle,   1715
no dejar para buscalle,
calle en toda la ciudad.
        Mas di: ¿quién es el soldado
a quien daré este papel,
que dicen que va con él?   1720

DORIS. [*Ap.*] (Sin duda que le ha engañado
y que todo esto es a efecto
de avisar a Feliciano.)
¿Es el que va con su hermano?

LEONARDO.   Ése, pues.

DORIS. [*Ap.*]   (Medio discreto.)   1725
        Es un español gallardo,
que es huésped de mi señor.

LEONARDO.   Debe de tener valor.°

DORISTA.   Valor y talle, Leonardo.

Sale Clavelia

CLAVELIA.   Como carta le he cerrado.   1730
Decid que de España es,
que el ordinario° francés
en vuestro pliego° ha llegado.
        Y decid que sois amigo
de su padre, y que en la vuestra   1735
os le encomienda.

1728   En el autoconcepto que tenían los españoles de sí mismos,
figuraba en primer término el valor; cf. M. Herrero, *Ideas de los
españoles*, 61-63.

1732   *ordinario:* «el correo que viene todas las semanas», *Autoridades.*

1733   *pliego:* «el envoltorio o cúmulo de cartas cerradas debajo
de una cubierta», *Autoridades.*

144

LEONARDO.   ¡Qué diestra
               invención! Eso y más digo.
                      Voy.
CLAVELIA.   Parte.
LEONARDO.   No seas escasa,
               ni me hagas más desprecios. [*Vase.*]
CLAVELIA.   Bien engañé los dos necios.   1740
               Entra y sabrás lo que pasa.

               Salen Teodoro, Otavio, Feliciano y Tristán

TEOD. [*Ap.*]   (Mucho siento haber sacado
               del cambio° aqueste dinero.
OTAVIO.   Eso y más pagarte quiero,
               por quedar asegurado.   1745
                     ¿Dístele los mil escudos?
TEODORO.   Luego al punto se los di.
OTAVIO.   ¿Y él, qué te ha de dar a ti?
               Que andamos necios y mudos.
TEODORO.   Daráme otras tantas higas°   1750
               cuando vuelva de la guerra.
OTAVIO.   Pues como para su tierra,
               ¿con cédula no le obligas?
TEODORO.   Haremos una escritura
               esta noche, tras la cena.   1755
OTAVIO.   Cualquiera pérdida es buena
               en que hacienda se aventura.
                  Líbrete Dios del honor,
               que no se puede cobrar.
TEODORO.   Valió quererle enmendar   1760
               mil escudos.
OTAVIO.   No es error.

1743 *cambio:* «la persona pública, que con autoridad del príncipe o de la república pone el dinero de un lugar a otro con sus
intereses», Covarrubias.
   1750 *higa:* «Es una manera de menosprecio que hacemos cerran-
do el puño y mostrando el dedo pulgar por entre el dedo índice y
el medio; es disfrazada pulla», Covarrubias. Cf. también Rodríguez
Marín, VI, 12:5.

TEODORO.	¡Por qué camino ha sacado
	este español su dinero!
	¡Cosa que° yo, majadero,
	lo haya lastado y pagado! 1765
	Que del alma en mi conciencia
	no se me puede quitar
	que aquéste me quiere dar,
	tras los cuernos, penitencia.°
OTAVIO.	Calla, que es necio temor, 1770
	y es contra mí ese desprecio.°
TEODORO.	Ya yo veo que soy necio,
	pero es discreto el honor.
	Hasta el postrer desengaño,
	no he de salir de esta duda.) 1775
FELIC. [Ap.]	(Todo el color se me muda:
	cuánto, Tristán, es mi daño.
	¿Qué haré, Tristán?
TRISTÁN.	Solicita,
	señor, el postrer remedio,
	porque te tienen en medio: 1780
	la cruz y el agua bendita.°
	Éste es estraño país.
	Si no huyes, ten por cierto
	que no escapas de ser muerto.)
FELICIANO.	Pues señores, ¿qué decís? 1785
TEODORO.	¡Oh, español! Hablando estamos
	de esa tu falsa mujer,
	que la deseamos ver
	y vengarte deseamos.

1764 *Cosa que:* 'pensar que, considerar que', sentido no registrado por los diccionarios. Cf. «¡Cosa que a tiento haya dado / con la causa de mi mal!», *La discreta enamorada,* 430b.

1769 *tras los cuernos, penitencia:* variante del refrán corriente, *Sobre cuernos, penitencia.* Los *cuernos* aluden a la seducción de Clavelia por Feliciano, aunque lo usual es que la cornamenta represente la falta cometida al marido, no al hermano, como aquí (pero cf. v. 1057, donde se atribuyen cuernos al pretendiente de una dama).

1771 Otavio afirma que la deshonra de Clavelia le incumbe a él, pero normalmente la deshonra de la mujer soltera recae sobre su padre o hermano, no sobre el prometido.

1778-81 *Solicita... bendita:* «Prepárate para morir».

FELICIANO.	Aunque es bajeza en un noble,	1790
	hoy os la pienso enseñar,	
	sólo porque quiso usar	
	conmigo ese trato doble.	
OTAV. [*Ap.*]	(Sin duda que esto es verdad.	
	¿Qué temes?	
TEÓDORO.	Cuando le escucho,	1795
	Otavio, consuelo mucho	
	mi miedo y dificultad.)	
	Poco a poco hemos llegado	
	hasta la puerta de Elisa.	
OTAVIO.	Sin duda, tu amor la avisa.°	1800

Sale Elisa, dama francesa

ELISA.	¿Tan presto la vuelta ha dado?	
	¿Qué es esto, Teodoro mío?	
TEODORO.	Que bien tus brazos merezco	
	por el alma que te ofrezco	
	y entre suspiros te envío.	1805
ELISA.	¿Cómo has vuelto?	
TEODORO.	Sólo a ver	
	esos ojos, cuya ausencia	
	así trató mi paciencia	
	que al fin me fuerza a volver.	
ELISA.	En obligación te estoy.	1810
	¿Quién son los que están contigo?	
TEODORO.	Mi cuñado y un amigo.	
ELISA.	Mi señor, muy vuestra soy.	
	Tenedme en este lugar,	
	porque Clavelia es en quien	1815
	tengo lo más de mi bien.	
OTAVIO.	A los dos podéis mandar.	
TEODORO.	Pues, Feliciano, ¿es hermosa	
	esta dama? ¿Qué la miras?	
	¿Qué te suspendes y admiras?	1820
	¿No es toda maravillosa?	

1800 La misma noción en vv. 1198-99.

	¿No te da mucho contento?	
FELICIANO.	¿Qué contento he de tener,	
	si es ésta aquella mujer	
	con quien me pasó aquel cuento?	1825
TEODORO.	¿Qué? ¿Qué?	
FELICIANO.	La verdad te digo.	
TEODORO.	¿Conócesla bien?	
FELICIANO.	¿Pues no?	
	Quemada la vea yo.	
TEODORO.	¿Que es ésta?	
FELICIANO.	Sí.	
TEOD. [Ap.]	(Otavio amigo.	
OTAVIO.	¿Qué quieres?	
TEODORO.	Peor está	1830
	este negocio.	
OTAVIO.	¿En qué modo?	
TEODORO.	¡Lleváralo el diablo todo	
	y nunca viniera acá!	
	Toda mi vida lo oí:	
	que procurar desengaño	1835
	siempre resulta en más daño.	
OTAVIO.	Pues, ¿dice que es ésta?	
TEODORO.	Sí.	
	¡Pluguiera a Dios que ya fuera	
	mi hermana!	
OTAVIO.	No plega a Dios,	
	que mejor os está a vos	1840
	llevar esa delantera.°	
TEODORO.	¿Cómo?	
OTAVIO.	Porque no es mujer	
	ni hermana, y para galán,	
	una puerta abierto os han,	
	que no tendréis que romper.°	1845
	Desapasionaos un poco.	
TEODORO.	¿Que aquí cayó? ¡Ojalá fuera	

1841 *delantera:* los cuernos (cf. v. 1769 y n.).
1844-45 *puerta... romper:* metáforas de fuerte erotismo.
1838-52 Este razonamiento de Teodoro sobre la honra no concuerda con las usuales leyes del honor, pues éstas decretan que la

148

	mi hermana, oh suerte fiera!	
OTAVIO.	Calla, Teodoro. ¿Estáis loco?	
TEODORO.	¿Con matar este villano	1850
	no quedaba mi honor vivo	
	del agravio que recibo?°	
	¿Cómo habrá remedio humano?)	
TRIST. [Ap.]	(Peor el negocio está.	
	Tú te has echado a perder.	1855
FELICIANO.	Luego, ¿es ésta su mujer?	
TRISTÁN.	Las muestras lo dicen ya.	
FELICIANO.	Señores, ¿quién me ha metido	
	en tan diabólico enredo,	
	que ni remediarme puedo	1860
	ni deshacer lo que ha sido?	
	¿Cómo le diré que no?	
TRISTÁN.	Eso no tiene remedio.	
FELICIANO.	¿Quién me sacará de en medio	
	de estos dos?	
TRISTÁN.	El Cielo y yo.	1865
	Bueno fuera haber callado	
	y no tener que llorar,	
	que el ganso por el hablar	
	viene a manos del soldado.)°	
ELISA.	¿Por qué no me habláis, Teodoro?	1870
TEODORO.	¿Conoces este español?	
ELISA.	¡Qué buen talle!	
TEOD. [Ap.]	(No es el sol	
	más claro. Mi afrenta lloro.)	
ELISA.	Por cierto que su presencia	
	merece todo favor.	1875
	Mandadle que entre, señor,	
	y daréisme a mí licencia	
	para hacerle algún regalo,	
	pues vos le hacéis amistad.	
TEOD. [Ap.]	(Cuanto ha contado es verdad.	1880

---

deshonra de la mujer no afecta al prometido (cf. n. 1771), pero al hermano sí.

1868-69 Cf. *Grazna el ganso, y muere a manos del soldado* (Martínez Kleiser, *Refranero*, 29.553).

	Al mismo Anteón° me igualo.	
	Otavio, ¿qué aguardo aquí?)	
ELISA.	Seáis, señor, bien venido.	
TEOD. [Ap.]	(¿Ves que no le ha respondido,	
	con el enojo?	
OTAVIO.	Es así.)	1885
ELISA.	No me debe de entender.	
FELICIANO.	¡Oh, ingrata! ¿Así me has tratado	
	y llámasme bien llegado?	
ELISA.	¿Qué dices?	
FELICIANO.	En fin, mujer.°	
TEOD. [Ap.]	(¿Qué más claridad deseo?	1890
	Mira el enojo que muestra.)	
ELISA.	No entiende la lengua nuestra.	
FELIC. [Ap.]	(¿Qué me dices?	
TRISTÁN.	Ya lo veo.	
	¡Lindamente los engaña!)	

Sale Leonardo

LEONA. [Ap.]	(Hablarle será mejor.)	1895
	¿Sois vos acaso, señor,	
	un gentilhombre° de España,	
	cuyo padre está en su corte?	
FELICIANO.	Yo soy.	
LEONARDO.	Pues hanme encargado,	
	en un pliego que me han dado,	1900
	que mire lo que os importe	
	y que aquesta carta os dé.	
	Si quisiérades° dinero	

1881 *Anteón:* forma usual de *Acteón* (cf. Rodríguez Marín, VII, 288:6). Acteón vio a Diana desnuda en su baño, por lo cual ella lo convirtió en ciervo, siendo esto causa de que lo mataran sus propios perros. Teodoro se compara con Acteón por aquello de los cuernos.

1889 Con decir esto solamente, se alude a la inconstancia que se achacaba a las mujeres (cf. vv. 862-71 y n.; también v. 1977).

1897 *gentilhombre:* Se usaba este apelativo cuando se ignoraba la calidad de la persona tratada; cf. Gillet, 566:90.

1903 *quisiéredes:* La inflexión esdrújula persiste hasta finales del siglo XVII, aunque se emplea la moderna desde mediados

150

	u otra cosa, caballero,	
	hablad y serviros he.	1905
Felic. [Ap.]	(Carta de Madrid, Tristán.	
Tristán.	Déjame besar el sello.°	
Feliciano.	Confuso he quedado en vello,	
	nuevas sospechas me dan.	
	Letra española imitada	1910
	y medio francesa es.	
Tristán.	Lee, español o francés.	
Feliciano.	Clavelia firma. No es nada.	
Tristán.	Antes sí, que éste es aviso.	
	Lee, y disimula bien.	1915
Feliciano.	Bien dices. Oye también.	

Lee

«Sal de León de improviso,
   que te va en ello la vida,
que Teodoro y mi marido
son a quien has referido   1920
tu amor y su honra perdida.
   De la ciudad en la puerta
un caballo a punto tienes.
Vivirás si luego vienes
y si no, mi honra es muerta».°   1925
   Que ésta me salve la vida,
sin duda me tiene amor.

Tristán.	Vámonos de aquí, señor.)	
Feliciano.	La carta tengo entendida	
	y con vos me quiero ir	1930
	a saber vuestra posada.	

---

del xvi (Andrés Bello y Rufino José Cuervo, *Gramática de la lengua castellana*, § 608 y 456:90). Lope y sus contemporáneos suelen emplear la forma arcaica por razones métricas, para agregar otra sílaba. Otro ejemplo en v. 2231.

1907 Aunque los criados comúnmente besaban las cartas al recibirlas o entregarlas (Fichter, ed. *El sembrar*, 175:269), aquí Tristán expresa más bien su amor a la patria.

1925 *es muerta:* Todavía en el Siglo de Oro se usaba *ser* corrientemente como auxiliar de los verbos intransitivos. Otros ejemplos en vv. 2042 y 2083.

LEONARDO.	Será merced estremada.
FELICIANO.	Soy quien os ha de servir.—
	Mosiur, con vuestra licencia
	voy con este caballero. 1935
TEODORO.	A cenar, señor, espero.
FELICIANO.	Yo vendré.
LEONARDO.	Vamos.
FELICIANO.	Paciencia.
TEOD. [*Ap.*]	No puedo tomar venganza.
OTAVIO.	Habla a Elisa.)
TEODORO.	Ingrata fiera,
	¿quién sino tú hacer pudiera 1940
	tal infamia y tal mudanza?
	La noche que me partí,
	¿por mil escudos hiciste
	tal bajeza?
ELISA.	¿Qué dijiste?
TEODORO.	Con el que se va de aquí. 1945
ELISA. [*Ap.*]	(Otavio, ¿Teodoro está loco?
OTAVIO.	Tiene razón, si lo está,
	aunque lo que has hecho ya
	quisiera seso más poco.
ELISA.	¿Qué dices?
OTAVIO.	Con un soldado, 1950
	con un español.)
TEOD. [*Ap.*]	(¡Ah, Cielos!)
ELISA. [*Ap.*]	(Sin duda, le engañan celos
	del español alabado.)
	¿Es porque alabé su talle?
TEODORO.	Más, porque al fin te gozó. 1955
ELISA.	¿Aquí? ¿Ahora?
TEODORO.	Ahora no.
ELISA.	Pues, ¿cuándo pude yo hablalle?
	¿Vile otra vez en mi vida?
TEODORO.	Niega, que te está muy bien.
	¡Oh, mala estocada den 1960
	a mujer tan fementida!

1946-47 Nótese el juego paradójico «estar loco» y «tener razón».

	Y es lo bueno fingir vos	
	ser Clavelia.	
OTAVIO.	Di, villana,	
	¿a mi mujer?	
TEODORO.	¿A mi hermana?	
ELISA. [*Ap.*]	(¡Borrachos están, por Dios!)	1965
TEODORO.	Si mil escudos querías,	
	¿no te los diera yo a ti?	
ELISA.	¿Qué escudos, triste de mí?	
OTAVIO.	¿Que ser mi mujer fingías?	
	¡Vive Dios, que a estar casado	1970
	mil puñaladas te diera!	
ELISA. [*Ap.*]	(Este negocio es tronera.°	
	Voyme, que algo les han dado.	
	No fue sin causa el volver.)	
	Adiós, Teodoro y Otavio.	1975

Vase

TEODORO.	No satisfago mi agravio,	
	porque al fin eres mujer.	
	Y no creas que en tu vida	
	me volverás a ver más,	
	y en el español verás	1980
	que vengo mi honra perdida.	
OTAVIO.	¡Qué mejor ha sido así!	
TEODORO.	Mejor, mas él morirá.	
OTAVIO.	¿Él en qué culpa está?	
TEODORO.	¡Ay, oro, venciste aquí!	1985
OTAVIO.	¿Cuándo el oro no venció?	
TEODORO.	Vencerá [a] la misma muerte.	
	Eso llamaremos fuerte	
	que el oro no vio ni oyó.°	

1972 *tronera:* embrollo, locura, significado desconocido por los diccionarios (aparece con igual sentido en Calderón, *Obras completas,* I, 547d).
1985-89 Cf. *No hay cerradura donde es de oro la ganzúa,* Covarrubias (compárense «el oro es llave maestra», «quien abre con llave

OTAVIO.   Vamos, y en la calle calla,°   1990
              que es mejor fingirnos mudos.
TEODORO.   ¿Qué no podrán mil escudos?
              Cuasi estoy por perdonalla.

                    Sale Feliciano

FELICIANO.   Despedíme del hombre a toda prisa,
              y con mayor de la ciudad saliendo,   1995
              a Tristán he enviado por el campo
              a ver si del caballo encuentra señas.
              Con él y mil escudos, ¡Cielo santo!,
              daré conmigo en los helados Alpes,
              a ver si entre su nieve el fuego mío   2000
              puede hallar la templanza que desea.
              ¡Oh necio el hombre que por tierra es-
                                              [traña
              pone los ojos en mujer ninguna!
              Que si cuestan la vida en tierra propia,
              donde es todo enemigos, ¿qué se espera?   2005

                    Sale Tristán

TRISTÁN.   Basta, señor, que la verdad ha dicho.
              Un gallardo caballo relinchando,
              que parece que llama tu descuido,
              está en lo bajo de la excelsa cuesta.
              Tiénele de la rienda un lacayuelo   2010
              de éstos que a veces llevan los soldados
              de Francia, Italia o Flandes a la corte,
              con muchas cintas de colores varias.
              Y un mozo está con él, aunque más lejos.

---

de oro», Calderón, *Obras completas*, I, 334d; II, 1938d); *El oro todo
lo manda* (Martínez Kleiser, *Refranero*, 18.459); «oro: / sin él nada
se vence, / y con él todo» (Calderón, *ibid.*, I, 1655a). Citas de otras
obras de Lope en J. Brooks, ed. *El mayor imposible*, 151:335, y
Arco, *La sociedad*, 284d-86a (añádase *Las ferias*, v. 2978).
    1990 *calle calla:* paronomasia.

FELICIANO.	Llámale, por tu vida, y tenga el mozo	2015
	el caballo entre tanto que me calzo.	
TRISTÁN.	Ya él viene, porque debe ser tarde.	

Clavelia, de lacayuelo francés,
con capotillo de dos faldas°
y cintas

CLAVELIA.	Ah, señor amo, ¿no iremos?	
FELICIANO.	Ya me calzo, buen francés.	
	¡Cielos!, ¿Clavelia no es?	2020
CLAVELIA.	Detente, no hagas estremos.	
	Yo soy a quien tanto debes.	
	Contigo me has de llevar,	
	o aquí me verás matar.	
FELICIANO.	¿Qué me dices?	
TRISTÁN.	Que la lleves.	2025
FELICIANO.	Envaina la daga y ven.—	
	Y tú a las ancas la pon.	
	¿Podrás seguir el frisón?°	
TRISTÁN.	Bueno, hasta Jerusalén.	
FELICIANO.	Mi alma se maravilla	2030
	de tu ánimo.	
CLAVELIA.	Español,	
	tú eres mi luz.°	
FELICIANO.	Tú, mi sol.	
	¡Qué graciosa francesilla!	

Fin del Acto segundo

Más hago de lo que puedo,
de acabaros tengo miedo.

2017+ *capotillo de dos faldas:* prenda muy antigua, con una falda que caía por delante y otra atrás, abierta por los lados (cf. Bernis, *Indumentaria,* 83).

2028 Contra la costumbre española (cf. vv. 978-79 y n.), Tristán irá detrás de su amo, andando éste a caballo. Esto puede ser porque el uso francés decretaba que el lacayo siguiera al amo (Fichter, ed. *El castigo,* 223:725).

2032 El llamar *luz* a un ser querido es imagen que data desde Homero *(Odisea,* XVI, v. 23, y XVIII, v. 4). Cf. v. 1003 y también *Don Quijote,* II, 425. Sobre *sol,* cf. v. 921 y n.

Personas que hablan en este Acto tercero

ALBERTO
LISENO
OTAVIO
TEODORO
LEONIDA
CLAVELIA
TRISTÁN
JULIA
ROSARDO
DOS ALGUACILES
UN ESCRIBANO

Acto Tercero

Alberto, viejo, y Liseno

ALBERTO.	¿Eso, en efecto, os escriben	
	Alférez y Capitán?	2035
LISENO.	Poca esperanza nos dan	
	cuantas cartas se reciben.	
	Respóndeme al fin Marcelo:	
	«Pon la diligencia vista,	
	que tal hombre no se alista	2040
	en el ejército».	
ALBERTO.	¡Ah, Cielo,	
	mi hijo es muerto, o sospecho	
	otra desventura igual!	
	¡Oh, cólera paternal,	
	y cuánto daño me has hecho!	2045
	¿Qué animal crïado hubiera	
	que así apartara de mí?	
	¿Qué fiera tratara así	
	sangre que su sangre fuera?	
	Cuéntase del pez polipo	2050
	que ninguna sangre tiene: °	

2050-51 Dato (quimérico) tomado de Plinio, *Historia natural*, libro IX, cap. 44. Nótese la acentuación llana de *pólipo*, por exigencia del verso.

ese nombre me conviene,
de ninguna participo.

Un padre sin sangre soy,
aunque ahora° bien la siento   2055
en el tierno movimiento
que a la que me falta doy.

Si acaso no fue por tierra
a Francia, ¿cómo podía?

LISENO.   Por dicha se embarcaría   2060
a Italia o Inglaterra.°

ALBERTO.   Si se embarcó en Vinarrós°
de duda es bien que me saques,
que por dicha en los Alfaques°
fue cautivo.

LISENO.   ¡Bien, por Dios!   2065
Píntale ahora cautivo.

ALBERTO.   Pues si ha un año que partió
y nunca más escribió,
o está cautivo o no es vivo.

Y aun si cautivo estuviera   2070
entre bárbaros contrarios,
con los padres mercenarios,°
Liseno, escrito me hubiera.

Sin duda que muerto ha sido,
si no me quieres decir   2075

2055 Lope probablemente escribió *agora*, ya que para él *ahora* normalmente era bisilábico (cf. Poesse, *The Internal Line-Structure*, 27:46).

2061 Falta una sílaba, a menos que se suponga un hiato violento; lo más probable es que Lope escribiera *Ingalaterra*.

2062 *Vinarrós:* Vinaroz.

2064 *los Alfaques:* el delta del río Ebro, que se extiende unos 30 kilómetros de sur a norte y 27 de este a oeste. Más particularmente, *los Alfaques* se refiere a un puerto muy grande donde se encuentra la población de San Carlos de la Rápita. Sobre el peligro de captura allí, cf. «las galeotas de Argel... la [costa] corrían de ordinario desde los Alfaques a Cartagena...», *La Circe*, en *Obras poéticas*, 1150.

2072 *padres mercenarios:* La orden monacal de los mercenarios (o mercedarios) «fue primeramente instituida en Aragón, por el rey don Jaime, para redimir cautivos...», Covarrubias. La fundación se hizo en 1218, a instancias de San Pedro Nolasco.

	que me puedo persuadir	
	que está en Madrid escondido,	
	gastando los mil escudos.°	
LISENO.	¡Pluguiera [a] Dios que así fuera!	
ALBERTO.	Pero, ¿qué amigos tuviera	2080
	que pudieran ser tan mudos?°	
	¡No me escribir en un año!	
	¡Paciencia, mi hijo es muerto!	
LISENO.	Que es enojo ten por cierto	
	y que está vivo y sin daño.	2085
	Que en esto toma venganza	
	de que tú le echaste así.	
ALBERTO.	Eso, Liseno, eso sí	
	me puede dar esperanza.	
	Con eso es bien que me aplaques.	2090

[Sale Julia, criada]

JULIA.	Dos peregrinos franceses	
	aguardan que algo les dieses	
	por el amor de San Jaques.°	
ALBERTO.	¿Franceses? Entren al punto,	
	que aunque es pensamiento vano,	2095
	pienso que de Feliciano	
	sabrán si es vivo o difunto.	
JULIA.	Ah, hermanos, entren.	

Salen Teodoro y Otavio, de peregrinos

TEODORO.	El Cielo,	
	señor, os prospere y guarde.	
ALBER. [Ap.]	(Ya la sangre en llamas arde	2100
	que fue primero de hielo.)	

2078 Tal fue la propuesta hecha por Tristán en los vv. 318-23.
2080-81 Cf. vv. 324-25: «en Madrid andan mudos / los cuervos de su ribera...».
2093 *San Jacques:* Santiago (del francés *Jacques)*.

TEODORO.   Después de largos caminos
de tierra y mar, fiero estrago,
vamos los dos a Santiago,
noble señor, peregrinos.   2105
Marsella,° Roma, Loreto,°
Pie de Gruta,° Gaeta° y otros
lugares santos nosotros
visitamos, en efecto.
Pero esta gran devoción   2110
de los franceses es ya,
desde Carlomagno acá,
la más devota estación,
que él allanó esos caminos
de moros y salteadores.°   2115

ALBER. [*Ap.*] (En Francia muchos señores,
Liseno, van peregrinos.
Sin duda que éstos lo son.

2106 En Marsella, los peregrinos visitaban la iglesia de Notre-Dame-de-la-Garde.

2106 Después de Roma, con su basílica de San Pedro, uno de los sitios de peregrinación más importantes para el cristianismo era la catedral de la Santa Casa en Loreto. Según leyendas piadosas, la Santa Casa, hogar de la Sagrada Familia en Nazaret, fue trasladada por ángeles a Tersatto en 1291, y de allí a Loreto en 1295. Nótese que *Loreto* rima con *efecto* (pronunciado *efeto;* hay otros ejemplos en vv. 1564, 1722 y 2394).

2107 Nombre de una localidad en Nápoles y, en particular, de una plaza y una iglesia, Santa Maria di Piedigròtta. Una de las iglesias napolitanas más populares, fue erigida en 1353 y reconstruida a comienzos del siglo XVI.

2107 En Gaeta, el interés de los peregrinos se centraba en la Montagna Spaccata. Dicen las leyendas que esta montaña se hendió de arriba abajo cuando murió Cristo; la capilla del Crocefisso está colocada sobre el abismo.

2112-15 Carlomagno estuvo brevemente en España en 778, cuando puso sitio a Zaragoza, pero no se acercó ni remotamente a Santiago de Compostela. Sin embargo, los cantares de gesta franceses le atribuían toda clase de triunfos sobre los sarracenos, inclusive el de liberar de moros el célebre camino de peregrinación a Santiago. De los muchos cantares franceses que tratan el asunto, el más difundido era la *Crónica de Turpín;* cf. Joseph Bédier, *Les Légendes Épiques*, 39-182. En España, los juglares se hicieron eco de esta hazaña de Carlomagno (por ejemplo, en el poema épico de *Roncesvalles),* dando lugar a protestas por parte de los entendidos de entonces; cf. R. Menéndez Pidal, *RFE*, IV (1917), 151-56.

LISENO.	El talle es de noble gente.)	
ALBERTO.	Holgádome [he] estrañamente	2120
	de que en aquesta ocasión	
	a mi casa hayáis venido.	
	Ésta suplico aceptéis,	
	que en ella descansaréis	
	del trabajo referido.	2125
	Que lo que veo en los dos,	
	y ser la nación amiga,°	
	a ofrecérosla me obliga.	
OTAVIO.	Mi señor, págueoslo Dios.	
	Que, en fin, aunque sólo un día	2130
	nos podemos detener,	
	queremos la corte ver,	
	su grandeza y gallardía.	
ALBERTO.	Más quiero que os detengáis,	
	si mi servicio os agrada.	2135
TEODORO.	En merced tan estremada	
	de vuestro valor usáis.	
	Un Abrahán parecéis,	
	que a los caminos salía	
	y los huéspedes traía,°	2140
	como ahora vos lo hacéis.	
ALBERTO.	Si él ángeles,° bien se muestra	
	que indicios de reyes dais,	
	porque no diferenciáis	
	de su grandeza la vuestra.	2145

2127 Esta expresión de simpatía hacia Francia, junto con la de los vv. 2147-48, pueden explicarse como resultado de la buena voluntad existente entre los dos países después de la tregua de Chalons (cf. vv. 942-43 y n.), y después de la conversión de Enrique IV de Francia al catolicismo; ambos acontecimientos tuvieron lugar en septiembre de 1595. Hasta el título de *La francesilla* demuestra simpatía por el país vecino. Para una apreciación de la actitud española hacia Francia durante el Siglo de Oro, cf. A. Gutiérrez, *La France et les Français dans la littérature espagnole.*

2138-40 Génesis, XVIII, 1-5.

2142 Hay que sobrentender *daba indicios de ángel* (cf. v. 2143). La *Parte XIII* puntúa *Si el ángel es,* lo cual no hace sentido. De los tres varones recibidos por Abrahán, uno era Jehová y dos eran ángeles.

                    Y así muy contento estoy,
                    porque nunca España cesa
                    de amar la nación francesa.
                    ¿De dónde sois?
TEODORO.   De vos soy,
                    que serlo es tanta ganancia   2150
                    que otro principio no quiero.
                    Mas cuanto a ser caballero,
                    soy, señor, de León de Francia
                      y este hidalgo es de París.
                    El peregrinar fue voto   2155
                    que hicimos, el mástil roto
                    del galeón *San Dionís*
                      en el golfo de las Yeguas,°
                    y digo, en una palabra,
                    que hasta llegar a una zabra°   2160
                    nadamos cuarenta leguas.
ALBERTO.   Tales huéspedes podrán
                    honrar mi casa algún mes,
                    porque con esto después
                    más descansados irán.   2165
                      Y entre las muchas razones
                    de haceros esta acogida,
                    es una el traer perdida
                    mi sangre en varias naciones,
                      porque lo que hago aquí   2170
                    con mi hijo allá se haga.
TEODORO.   Será, señor, justa paga.
                    ¿Hijo ausente tenéis?
ALBERTO.   Sí,
                    y aun en Francia, si está vivo,
                    que es donde yo le envié.   2175
                    Pero ya ha un año que fue:
                    o es muerto o está cautivo.
_____

    2158 *golfo de las Yeguas:* aquella parte del Atlántico situado al
este de la Florida y al norte de las Antillas. Evidentemente, Teodoro
se burla de su huésped.
    2160 *zabra:* «Especie de fragata pequeña, que se usa en los
mares de Vizcaya», *Autoridades.*

TEODORO.	¿Un año? ¿Quién fue con él?	
ALBERTO.	Un crïado de esta tierra.	
TEODORO.	Pues, ¿dónde iba?	
ALBERTO.	Iba a la guerra,	2180
	y nunca más supe de él.	
	Que por dicha por roballe	
	mil escudos que le di	
	cuando le aparté de mí	
	alguien debió de matalle.	2185
TEODORO.	¿Llamábase Feliciano	
	y su crïado, Tristán?	
ALBERTO.	¡Cielos, sospechas me dan	
	que está mi bien salvo y sano!	
	Sin duda, le han conocido.	2190
TEODORO.	Habrá un año que a León	
	llegó de aquesta nación	
	un soldado bien vestido	
	y de buen talle y presencia.	
ALBERTO.	¿Con este nombre y crïado?	2195
TEODORO.	Y en mi casa fue hospedado.	
	Que fue de mi padre herencia	
	que por gentileza sola	
	[esto mismo hacer solía]°	
	y porque afición tenía	2200
	a la nación española.	
	Y los escudos perdidos	
	al juego, otros mil le di,	
	que envïarme juró allí	
	o a Bisanzón remitidos.	2205
	Y si vuestro hijo es,	
	esta firma os lo dirá.	
ALBERTO.	Mostrad. ¡Feliciano! Ya,	
	ya os creo, señor francés.—	
	¡Oh firma de aquella mano,	2210
	mil besos te quiero dar!	

2199 Este verso falta en el manuscrito de Gálvez; lo suplimos
de la *Parte XIII*.

TEOD. [*Ap.*]   (¡Que viniésemos a hallar
                 el padre de Feliciano!
                 ¡Viven los Cielos, Otavio,
                 que a España no ha vuelto más!   2215
OTAVIO.   Aun pienso que aquí podrás
                 vengar parte de su agravio.
                 Mas aquí es venganza impropia,
                 siendo tal la cortesía.)°
ALBERTO.   Señor, esta deuda es mía   2220
                 y esta firma, mi alma propia.
                 La mano que aquesto pinta
                 es la que en mí conocéis
                 y las letras que aquí veis
                 mi sangre son, que no tinta.   2225
                 Los mil escudos daré,
                 muerto o vivo Feliciano,
                 porque lo firmó la mano
                 que de ésta la estampa fue.
                 No en balde yo os hospedaba,   2230
                 pues lo mismo habíades hecho
                 con el alma de este pecho,
                 que la deuda imaginaba.
                 Mil abrazos quiero daros.

                 Sale Leonida

LEONIDA.   ¿Nuevas, Julia, de mi hermano?   2235
                 Señor, ¿qué hay de Feliciano?
ALBERTO.   Bien podéis, hija, alegraros.
                 Ved su firma.
LEONIDA.   Fue recelo.
ALBERTO.   Abrazad estos señores,

2218-19   Referencia a la universal y no escrita ley de la hospitalidad, según la cual el huésped respeta la vida y bienes del anfitrión
y los suyos. La violación de este precepto merece duros castigos en
la Comedia; el mejor ejemplo es Don Juan en *El burlador de Sevilla*,
que siendo huésped en la casa de Tisbea, la seduce (cf. A. A. Parker, *The Spanish Drama of the Golden Age*, 694).

	que son los exploradores	2240
	de esta promisión del Cielo.°	
LEONIDA.	¿Cuánto ha que mi hermano vistes?	
TEODORO.	Luego que de aquí salió,	
	que no os traigo nuevas yo.	
LEONIDA.	Pues, ¿cómo, acaso, venistes?	2245
TEODORO.	Íbamos en romería	
	y acaso entramos aquí.	
ALBERTO.	Desde que mi bien perdí,	
	no he tenido tan buen día.	
	Liseno, estoy como loco.	2250
LISENO.	Con mucha razón, por cierto.°	
ALBERTO.	Ya no creo que sea muerto,	
	ni que está en Argel tampoco.	
TEOD. [Ap.]	(Otavio, la vista guarda.°	
	¡Qué mujer!	
OTAVIO.	¡Hermosa y bella!	2255
TEODORO.	Bien puedes encarecella.	
OTAVIO.	¡Bella española!	
TEODORO.	¡Gallarda!	
OTAVIO.	Si no fuera intención vana,	
	aquí vengara mi agravio.	
TEODORO.	Y yo la tomara, Otavio,	2260
	por el trueco de mi hermana.	
OTAVIO.	No he visto cosa más rara.	
TEODORO.	Yo pienso vengarme aquí,	
	que buena hermana perdí.	
OTAVIO.	¡Qué buena mujer cobrara!	2265
TEODORO.	Si ella viene a mi poder,	
	pienso hacer un justo engaño.	
OTAVIO.	Reparar quiero mi daño,	
	si me la dan por mujer.	

2240-41 *exploradores... Cielo:* referencia a la Tierra de Promisión, el gran sueño de los israelitas, con lo que se alude al deseo apremiante de Alberto, el sueño de ver a su hijo. Esta metáfora continúa la de los vv. 2138-42, pues la Tierra de Promisión fue anunciada por primera vez a Abrahán (Génesis, XII, 7; XIII, 14-15).

2250-51 El mismo juego *locura-razón* de los vv. 1946-47.

2254 *guarda:* mira. Opina Covarrubias que es italianismo.

TEODORO.	No, Otavio, para mí sea, 2270
	que es mi hermana la perdida.
OTAVIO.	Y mi honra la ofendida
	con una mancha tan fea.
TEODORO.	Vos no fuisteis su marido:
	pues no habiendo posesión, 2275
	no os corre la obligación
	que a mí, que su hermano he sido.°
OTAVIO.	Buena cuenta hemos echado,
	peregrinos y estranjeros.)
ALBER. [Ap.]	(Sin duda, son caballeros. 2280
LISENO.	En esto bien lo han mostrado,
	fuera de que su presencia,
	Alberto, lo da a entender.)
TEOD. [Ap.]	(Pediréla por mujer,
	Otavio, con tu licencia. 2285
OTAVIO.	De mala gana la doy.)
TEODORO.	Señor, aquí aparte oíd.
ALBERTO.	Si hay en qué os sirva, decid,
	que bien obligado estoy.
TEODORO.	El amor que he tenido a Feliciano 2290
	y alguna obligación y amistad mía,
	fuera de ese papel, que está muy llano,
	supuesto que° encubrirme pretendía,
	a decir que soy noble me ha obligado
	y por vuestro valor y cortesía. 2295
	Ya que mi ventura, estrella y hado
	me trajo° a vuestra casa, donde creo
	que el Cielo mis fortunas° ha guïado,
	sabed que en mí se engendra un gran
	[deseo

2274-77 Sobre este aspecto de la honra, cf. textos paralelos en *La corona merecida*, vv. 491-96, 1013-16 y 1701-6 (citados por Fichter, ed. *El castigo*, 38).

2293 *supuesto que:* aunque (Fichter, ed. *El castigo*, 215:461).

2296-97 Otra falta de concordancia verbal con un sujeto plural (cf. Keniston, *Syntax*, 36.422; Bello y Cuervo, *Gramática*, § 833, censuran tal práctica).

2298 *fortunas:* desgracias (cf. Gillet, 192:552, y Rico, ed. *La novela picaresca*, I, 7:8).

de quedar por esclavo de esta dama,   2300
que lo seré si tanto bien poseo.

Y cuando aquí en España de mi fama
no pudiese informaros, como puedo,
del apellido que León me llama,
traigo en el pecho, sin diez mil que   2305
                                [heredo,
en ricas joyas treinta mil ducados,
sin las raíces° en que a alguno excedo.

Si estando de mis prendas infor-
                                [mados
mereciere esta dama por esposa,
desde hoy quedan en vos depositados.   2310

No os parezca el pedirla nueva cosa,
que lo que Feliciano me decía,
pintándola discreta, honesta, hermosa,
    ausente hizo que en el alma mía
se me representase para amarla   2315
cuanto he visto en sus ojos este día.°

Si esto no os agradare, ni casarla,
los mil escudos que ese papel dice
podéis, señor, para alfileres darla.°

ALBERTO.   No porque mi deseo solemnice   2320
esa resolución en mi provecho,
a ser quien sois,° hidalgo, contradice.

_____

2307 *raíces:* bienes raíces.

2312-16 Se trata del tema de enamorarse «de oídas, que no de vista», corriente desde los tiempos de *Las mil y una noches* y *El collar de la paloma.* Cf. Carmen Bravo-Villasante, «Un debate amoroso: *Amar sin saber a quién*», y su ed. de *Amar sin saber a quién,* 17-26; Ana María Barrenechea, *Fil,* VII (1961), 18, n. 10; S. Thompson, *Motif-Index,* motivo T11.1.

2319 *darla:* Como otros escritores de su época, sobre todo los madrileños, Lope emplea regularmente *la* y *las* como dativos femeninos (cf. vv. 2365, 2905 y 2908).

2322 *ser quien sois:* referencia a la nobleza de Teodoro. En un contexto más amplio, «la expresión atañe a todos los miembros de la sociedad y alude à los derechos y obligaciones inherentes a cada estado», Celina S. de Cortazar, *Fil,* XIII (1968-69), 346, n. 31 (cita bibliografía).

No las joyas del pecho, sino el pecho
y el amistad° de Feliciano estimo,
y os doy de hijo aqueste abrazo es-   2325
    [trecho.
Pero aunque en veros a este bien me
    [animo,
justo será el hacer informaciones.

TEODORO.   Mostraros quiero en esta corte un
    [primo,
que es hombre que con solas dos ra-
    [zones
creo que basta [a] acreditarme.

ALBERTO.   En todo   2330
lo muestran bien el talle y las razones.
Entrad a descansar, que de otro
    [modo
lo podemos tratar. [*Aparte*] (Oh, buen
    Liseno,
hoy mi remedio° emprendo y acomodo.

LISENO.   Aunque eres viejo, de cualquiera es   2335
    [bueno
el buen consejo. Mira lo que haces,
que a veces el azúcar es veneno.°
¿Tan presto de quien° son te satis-
    [faces?

ALBERTO.   Que yo me informaré.)— Leonida, ad-
    [vierte:
bien es que de éstos el regalo traces.   2340

2324 *el amistad:* Es la práctica dominante en el siglo XVI usar
el por *la* ante sustantivos femeninos que empiezan con *a* no acentuada (Gillet, 101:27). Otro ejemplo en el v. 2400.

2334 *remedio:* el matrimonio de Leonida. Es corriente tal sentido en Lope; cf. Fichter, ed. *El castigo*, 206:50; Hill y Harlan, ed. *Cuatro comedias*, 158:1974.

2337 Cf. *Debajo de la miel está el veneno* (Martínez Kleiser, *Refranero*, 4556).

2338 *quien:* Aunque la forma *quienes* existe desde comienzos del
siglo XVI, el más antiguo *quien* subsiste como plural hasta el día de
hoy (Gillet, 27:78).

168

Cuélguese° cuadra° y sala, y de tal
suerte,
como si fuera para tu marido.

LEONIDA.   Haré tu gusto.

TEOD. [*Ap*.]   (Yo seré tu muerte.)

ALBERTO.   Entrad, señores.— Liseno mío que-
[rido,
adiós, que como ves, voy ocupado.   2345

TEOD. [*Ap*.]   (Bien se ha trazado.

OTAVIO.   Estraño enredo ha sido.)

Quede solo Liseno

LISENO.   ¿Hay hombre como yo tan desdichado
que ha un año que a pedirla por esposa
aun no he podido estar determinado,
y que venga un estraño (estraña° cosa)   2350
y en un punto la pida, alcance y goce?
¡Oh, bajeza de Alberto codiciosa!
      Pero será al revés. Mal me conoce,
que yo lo he de estorbar, si están dis-
[puestos,
que la nobleza el interés reboce.   2355
      Pienso decir a la justicia que éstos
espías son, y Alberto los acoge
por interés y otros presupuestos,
sin que él lo sepa, porque no se enoje.

Salen Feliciano, Tristán y Clavelia, de lacayuelo

FELICIANO.   Ésta, Clavelia, es la puerta,   2360
puerto de nuestras desgracias.

_____

2341 *colgar:* entapizar, adornar, preparar (cf. *Amar sin saber
a quién*, v. 993; Calderón, *Obras completas*, II, 688c, 690b, 1183a).
      2341 *cuadra:* «La pieza en la casa que está más adentro de la
sala ...», Covarrubias. En Lope, *cuadra* generalmente significa 'al-
coba'; cf. *El mayor imposible*, v. 1606 (con nota de Brooks).
      2350 *estraño-estraña:* paronomasia. Otra en los vv. 2360-61, *puer-
ta-puerto*.

CLAVELIA.	¿Ésta, señor?
FELICIANO.	Ésta.
CLAVELIA.	¡Oh, gracias al Cielo que estás abierta!
TRISTÁN.	¡Oh, regaladas paredes! Mil besos las quiero dar.

2365

FELICIANO.	Tras tantas tierras y mar, Tristán, abrazarlas puedes.
TRISTÁN.	¡Oh quicios, y cuántos días consentistes que os untasen para que no cherriasen° cuando de noche salías! ¿Posible es, santo Madrid, que ya mis ojos te ven?

2370

FELICIANO.	Ya nos dan el parabién hasta las piedras, oíd.° ¡Oh Prado! ¡Oh calle Mayor!° ¿Que en efecto vuelvo a veros?

2375

TRISTÁN.	¿Que os vuelvo a ver, taberneros? ¿Que ya siento vuestro olor?
FELICIANO.	Di ya disparates vanos. Que tienes jüicio dudo.

2380

TRISTÁN.	Éstos quiero, éstos saludo, que son mis padres y hermanos.°
FELICIANO.	Clavelia, ¿qué te parece de Madrid?
CLAVELIA.	Bello lugar: no hay más bien que desear del que su grandeza ofrece.

2385

2370 *cherriar:* «Lo mismo que *chirriar.* Es voz antigua», *Autoridades.* Nótese aquí el cambio de persona: el sujeto de los vv. 2368-69 es *quicios,* mientras que el de los vv. 2370-71 es *Feliciano.* Al v. 2370 le falta una sílaba.
2375 Suenan las piedras bajo las herraduras de los caballos.
2376 «La calle Mayor era entonces la principal arteria de Madrid, la vía mercantil, cortesana y amatoria por excelencia ...», Deleito y Piñuela, *Sólo Madrid,* 44 (cf. 44-51, con amplia bibliografía). Sobre el Prado, cf. v. 882 y n.
2382-83 Tristán se refiere a los taberneros mencionados en el v. 2378.

	En todo el año que habemos	
	el mundo peregrinado,	
	jamás habemos hallado	2390
	tal medio en tales extremos.	
FELICIANO.	Aun no le conoces bien:	
	tiene milagros secretos.	
CLAVELIA.	Sus causas por sus efectos	
	vengo a conocer también.	2395
	Lugar en que tú naciste,	
	¿qué me puede parecer?	
FELICIANO.	Aquí serás mi mujer,	
	volviendo a ser lo que fuiste.°	
	Pero porque el alegría	2400
	de golpe no les encuentre,	
	Tristán entre.	
TRISTÁN.	¿Dices que entre?	
	Ya voy.— ¡Ah, cocina mía!	
	¿Qué hará Julia? ¿Qué dirá?	
	¿Si se acordará de mí?	2405
	Aquí fue Troya, aquí fui	
	aquel que vuelvo a ser ya.	
	Si friega en vos, mi cocina,	
	al tiempo que yo llegare,	
	¡ay del plato que fregare,	2410
	aunque sea de la China!	
	¡Oh caballeriza, en quien°	
	cantaba almohazando al bayo!	
FELICIANO.	Tú harás, necio, algún ensayo.°	
	Ven acá.	
TRISTÁN.	Déjame.	
FELICIANO.	Ven,	2415
	que Clavelia irá mejor.—	
	Dale esta carta a mi hermana.	
CLAVELIA.	Voy.— ¡Ah de casa!	

2398-99 Tal vez Feliciano quiere decir que Clavelia volverá a ser una mujer honrada después que se casen.

2412 *Quien* con antecedente de cosa era corriente en la Edad de Oro (Carmen Fontecha, *Glosario de voces comentadas*).

2414 *ensayo:* embuste, mala acción (Gillet, 124:14).

171

TRISTÁN.   ¡Ah mi Juana!°
              ¿Friegas, o tiénesme amor?°

                    Julia salga, la niña

JULIA.   ¿Quién llama?
CLAVELIA.   Di que está aquí   2420
              un lacayuelo francés.
JULIA.   ¿Eres tú?
CLAVELIA.   Yo, pues.
TRIST. [*Ap.*]   (Ella es.
              ¿Llegaré?
FELICIANO.   Calla.
TRISTÁN.   ¡Ay de mí!)
CLAVELIA.   De Feliciano a Leonida
              traigo cartas.
TRIST. [*Ap.*]   (Ya me rindo.)   2425
JULIA. [*Ap.*] (¡Qué francesillo tan lindo!)
              Entra, amores.
CLAVELIA.   Voy, mi vida.
              ¿Está obscuro?
JULIA.   No.
CLAVELIA.   ¡Oh mal haya!,
              que te quería besar.
JULIA.   Aquí me le puedes dar.   2430
TRISTÁN.   ¿Besóle?
FELICIANO.   Sí.
TRISTÁN.   Bueno, vaya.
              ¡Oh bellaca! ¡Vive Dios,
              que no se acuerda de mí!

2418 *Juana:* nombre genérico de criada (aquí aplicado graciosamente a Julia); cf. *Las ferias*, v. 361 (con nota), y *El perro del hortelano*, v. 2277. *Juana* genérico se documenta también en Calderón, *Obras completas*, II, 1045c. En inglés *Joan* (Juana) tiene el mismo uso; cf. Shakespeare, *Love's Labour's Lost*, III.i.202; IV.iii.180; V.ii.910, 919; etc.
    Algo semejante sucede con el nombre *Juan*, que se adjudicaba genéricamente «al simple o al bobo» (Covarrubias).
    2419 Tristán alude al dicho *mujer de buen fregado*, «la deshonesta que se refriega con todos» (Covarrubias).

FELICIANO.	Arminda no lo hará así.	
TRISTÁN.	Más la han besado de dos.°	2435
FELICIANO.	¿De dos?	
TRISTÁN.	Pues, ¿qué pensabas,	

que en pasando de los muros
hacía por ti conjuros
y echaba suertes con habas?°
        No hay mujer que, ausente un hom-   2440
                                [bre,
aunque fuese un serafín,
se le dé de él un cuatrín,°
ni se acuerde de su nombre.

FELICIANO.	¿A mí qué se me da de eso?	

¿No adoro a Clavelia yo?   2445

TRISTÁN.	¿Y no es ella quien besó?	

Pues bien que me pega° el beso.

FELICIANO.	La intención no fue con hombre.	
TRISTÁN.	No me argumentes así.	
FELICIANO.	Ya no se acuerda de ti,	2450

ni aun creo que de tu nombre.

CLAVELIA.	Sin entendimiento salgo.	
FELICIANO.	¿Cómo sin entendimiento?	

¿Qué has visto?

CLAVELIA.	Mi perdimiento,	

desmáyome.

TRISTÁN.	Dinos algo.	2455
FELICIANO.	¿Es muerto mi padre?	
CLAVELIA.	No.	
FELICIANO.	¿Mi hermana?	
CLAVELIA.	Tampoco.	

2435 «*Dos*, en la locución *más de dos*, suele ser numeral inde-finido, que equivale a *no muy pocos...*», Rodríguez Marín, II, 289:3.

2439 Las habas se usaban para diversos hechizos y sortilegios, entre ellos, el de atraer al amante ausente (cf. Morby, 77:40, quien cita bibliografía).

2442 *cuatrín:* moneda italiana de poca valía que llegó a repre-sentar «todo aquello a que se atribuye valor escasísimo» (Rodríguez Marín, VIII, 92:4).

2447 *me pega:* me cae, parece.

FELICIANO.	Pues,

FELICIANO.   Pues,
¿qué puede ser? Di lo que es.

CLAVELIA.   No sé qué he visto.

TRISTÁN.   Ni yo.
              Sin duda que el diablo fue,   2460
que ella viene endemoniada.

FELICIANO.   Habla ya, Clavelia amada.

CLAVELIA.   ¡Ay, mi bien! ¿Cómo podré?

TRISTÁN.   ¿Si le ha dado mal de madre?°

FELICIANO.   Tristes sospechas me dan.   2465

CLAVELIA.   Otavio y Teodoro están...

FELICIANO.   ¿Qué?

CLAVELIA.   ... cenando con tu padre.

FELICIANO.   ¿Otavio y Teodoro?

CLAVELIA.   Sí,
mi hermano y el que quería
ser mi esposo.

FELICIANO.   Esposa mía,   2470
¿qué me dices? Vuelve en ti.
Los ojos te han engañado.°

CLAVELIA.   Vestidos de peregrinos
los he visto.

FELICIANO.   ¡Desatinos!

CLAVELIA.   Yo los he visto y hablado,   2475
y me hablaron en francés
y en francés les respondí.

FELICIANO.   ¿Conociéronte?

CLAVELIA.   No y sí:
ellos lo dirán después.

2464 *mal de madre:* «Afecto que se causa de la ... sangre mens-
trual, que elevándose a la cabeza toca en el sistema nervioso, y causa
diferentes accidentes de mucho cuidado», *Autoridades.*

2472 Señala Américo Castro *(El pensamiento de Cervantes,* 82-90)
que el tema del «engaño a los ojos» fue central para los pensadores
del Renacimiento, entre ellos, Vives, Bembo, Erasmo y Castiglione
(agréguese León Hebreo, *Diálogos de amor,* 297). Lo mismo puede
decirse del Barroco; cf. Calderón, *Obras completas,* I, 240d; II, 75d,
230b, 269b, 598b, etc., y, claro está todo el drama de *La vida es
sueño.* Para el folklore, cf. el refrán corriente *Mucho ojo, que la
vista engaña.*

174

FELICIANO.	¿Hay más mal que desear,	2480
	que a mi casa, aunque sin daño,	
	venga yo al cabo de un año	
	y no pueda en ella entrar?	
CLAVELIA.	Mira que saldrán tras mí.	
	Si has de verlos o han de verte,	2485
	sin duda es cierta mi muerte.	
FELICIANO.	Segura estarás aquí.	
CLAVELIA.	Pregunté a Julia quién eran	
	y dijo que se casaba	
	con tu hermana el que me hablaba.	2490
FELICIANO.	Ojalá que ellos lo quieran.—	
	Tristán, ¿huiré o entraré?	
TRISTÁN.	Entra en tu casa, señor.	
FELICIANO.	Alto, yo pierdo el temor	
	y en el umbral pongo el pie.	2495
	Tú disimula, y veamos	
	quién los ha traído aquí.	
CLAVELIA.	¿Y yo entraré?	
FELICIANO.	Ven tras mí.	
	¿De qué tienes miedo? Vamos.	

Dos Alguaciles, un Escribano, y gente que acompañe

ALGUACIL 1.º	Hanme dado este aviso en un billete,	2500
	puesto que nombre o firma no tenía.	
ALGUACIL 2.º	¿Y que en casa de Alberto se acogiesen?	
ALGUACIL 1.º	Yo no creo que Alberto los conozca,	
	ni orden traigo de prender a Alberto.	
ALGUACIL 2.º	¿Que en efecto creéis que son espías?	2505
ALGUACIL 1.º	Y dicen que en el pecho del más noble	
	hallaré joyas de oro y ricas piedras	
	que valen más de treinta mil ducados.	
	¿Pues peregrinos y tan gran tesoro?	
	¿Esto sólo no basta para indicio?	2510
	O son ladrones o embozados príncipes.	
ALGUACIL 2.º	Entrad, y guardaremos esta puerta.	
ESCRIBANO.	Voy, que sin duda es la prisión notable.	

ALGUACIL 1.º Huélgome que a las manos me viniese
tan buena causa. ¿Sospecháis, por dicha, 2515
quién es el dueño del aviso?

ALGUACIL 2.º   ¿Cómo?
Quien eso escribe disfrazó la letra.

ESCRIBANO. Yo entro, que parece que hay rüido.

ALGUACIL 2.º Entrad, que importa vuestra presencia.

Salen Teodoro, Otavio, Alberto y Feliciano.
El Alguacil

TEODORO. ¿Que aquestas joyas no pueden ser 2520
                                                [mías,
si sabe Feliciano que yo puedo
tener en Francia mucha más riqueza?

FELICIANO. Yo, señor, le conozco, y en su casa
he sido huésped, y es hombre ilustre.

ALBERTO. Y yo le fío en treinta mil ducados. 2525

OTAVIO. Y otras fïanzas os daremos.

ALGUACIL 1.º   Basta.
Yo no puedo exceder de aquesta orden.
Mañana puede remediarse todo.

TEODORO. Pues vamos, que no importa. Sólo
                                                [quiero
que entendáis que por vos, señor, me
                                                [pesa, 2530
que tenía que hablar con vos mil cosas.

FELICIANO. Mi padre y yo mañana iremos juntos
donde de vuestra libertad se trate.

ALBERTO. ¡Que así la bienvenida de mi hijo
aguase una desdicha como ésta! 2535

TEODORO. No la tengáis, Alberto, por desdicha.—
Vamos, señor.

ALGUACIL 2.º   Caminen, pues, alerta.
No se desvíe nadie hasta la puerta.

Llévenlos

ALBERTO.	¿Hay desdicha semejante?
	Y en fin, ¿caballeros son? 2540
FELICIANO.	Son muy nobles en León
	y de lo más importante.
ALBERTO.	¿Los mil ducados refieres
	que se los debes?
FELICIANO.	También.
ALBERTO.	Quiere a Leonida los den. 2545
FELICIANO.	¿Para qué?
ALBERTO.	Para alfileres,
	y aun me ha pedido a Leonida.
FELICIANO.	Muy bien se la puedes dar.
[*Aparte*]	(Éste se quiere pagar
	de la afrenta recibida.) 2550
ALBERTO.	¿Quién habrá hecho este enredo?
FELICIANO.	Nunca falta en Madrid quién.
ALBERTO.	¿Este hombre me está bien?
	¿Darle, en fin, tu hermana puedo?
FELICIANO.	Hay mucho en esto que hablar. 2555
ALBERTO.	Dilo.
FELICIANO.	Sabráslo después.

Sale Clavelia

CLAVELIA.	¡Ah, nuesamo!°
FELICIANO.	¿Qué hay, francés?
CLAVELIA.	No me agrada este lugar.
	Si éstos prenden por espías,
	¿mañana qué harán de mí? 2560
ALBERTO.	Buen lacayo traes aquí.
	Bien habla.
FELICIANO.	Supo en dos días.
ALBERTO.	A ser mujer, era hermosa.
CLAV. [*Ap.*]	(¡Cosa que° al viejo alborote!)

2557 *nuesamo:* nuestro amo (forma registrada por Covarrubias).
2564 *cosa que:* no sea que, qué tal que (otro sentido de *cosa que* ignorado por los diccionarios; cf. v. 1764 y n.). Un ejemplo igual en Calderón, *Obras completas*, I, 342c.

ALBERTO.	¿Cómo te llamas?	
CLAVELIA.	Perote.	2565
ALBERTO.	¿De dónde eres?	
CLAVELIA.	De Tolosa.	
ALBERTO.	¿Y qué sabes?	
CLAVELIA.	Caminar.	
ALBERTO.	¿Cómo?	
CLAVELIA.	A caballo y a pie.	
ALBERTO.	¡Qué bellaco!	
CLAVELIA.	Soylo, a fe.	
ALBERTO.	Haceros pienso azotar.	2570
CLAVELIA.	¿De qué ha de ser el azote?	
ALBERTO.	De un vestido que os daré.	
FELICIANO.	Bésale los pies.	
CLAVELIA.	Sí haré.	
ALBERTO.	Alzaos del suelo, Perote.	
CLAVELIA.	Bien estoy así.	
FELICIANO.	Leonida	2575
	sale a verme.	
ALBERTO.	Y yo me voy.— *Vase.* [*sic*]	
	Pedro, grande amigo os soy.	
CLAVELIA.	Yo, esclavo toda mi vida.	
ALBERTO.	Un padre tenéis en mí,	
	como el mismo Feliciano.	2580
CLAVELIA.	Eso, señor, es muy llano	
	y que yo lo creo así.	
ALBERTO.	Denle de cenar muy bien.—	
	Y tú, Leonida, hazle dar	
	buena cama en buen lugar.	2585

Ahora se va. Sale Leonida

LEON. [*Ap.*]	(Y aun en mi alma también.	
	Que no sé qué gloria encierra,	
	pues en tan breve distancia	
	no me dio la paz de Francia,°	
	sino de España la guerra.	2590

2589 *la paz de Francia:* un beso (Fontecha, *Glosario*).

178

¿Qué he de hacer, triste de mí,
si un hombre bajo y rapaz
me ha sacado de mi paz
y me ha dado guerra así?)
Pues hermano, ¿cómo ha ido? 2595
Buen enojo ha sido.

FELICIANO. Estraño.

LEONIDA. No escribirnos en un año
estraño rigor ha sido.

FELICIANO. En la guerra es más honrada
esta aspereza, que en suma, 2600
poco ejercita la pluma
quien sólo atiende a la espada.°

LEONIDA. No es ésa buena disculpa.

CLAVELIA. Tuvimos mucho que hacer,
que en la guerra no hay poner 2605
a quien se descuida culpa.

LEONIDA. ¿Y eras tú también soldado?

CLAVELIA. Porque una vez me quebré°
con mi dueño me quedé,
pero nunca me ha soldado. 2610

LEONIDA. Para telas y damascos
más que para pelear
eras tú.

CLAVELIA. Bien sé llevar
el arcabuz y los frascos.

2601-2 *Poco... espada:* Contrástese «las armas / nunca embotaron
la pluma», *El príncipe perfecto,* II (495d); cf. también un soneto
sobre la espada y la pluma empleadas por la misma mano, en *Los
melindres de Belisa,* vv. 770-83, y Calderón, *Obras completas,* I, 2071d.
Según Don Quijote, «nunca la lanza embotó la pluma, ni la pluma
la lanza» (II, 57, con erudita nota de Rodríguez Marín). La afirmación de Feliciano contradice este principio, y, por tanto, suena a
falso, como observa Leonida (v.2603).—Sucede que aquí *espada* tiene
un velado sentido erótico; Feliciano alude disimuladamente al tópico
de la «guerra del amor» (cf. vv. 2616-17 y n.).

2607-8 *soldado, me quebré:* Otro juego de palabras con *soldado-
quebrado* (cf. vv. 939-41 y n.), con la diferencia de que aquí *que-
brarse* significa 'perder la virginidad' (más ejemplos en *La villana de
Getafe,* 380c; *El perro del hortelano,* v. 454; Tirso (?), *El burlador
de Sevilla,* v. 1886).

179

	Bien he querido a mi amo:	2615
	no ha habido guerra crüel°	
	en que me apartase de él.	
FELICIANO.	Y yo por eso te amo,	
	que eres un leal francés.	
LEONIDA.	Mucho te quiere mi hermano.	2620
CLAVELIA.	Tanto, que ivierno y verano°	
	me acuesta siempre a los pies.	
	Pero en faltando jüeces,°	
	tan bellaco vengo a ser	
	que me suele amanecer	2625
	en la cabecera a veces.	
LEONIDA.	Cuanta merced le habrás hecho,	
	la tiene bien merecida.	
FELICIANO.	Yo te prometo,° Leonida,	
	que es el alma de mi pecho.	2630
	Es un ángel el rapaz:	
	tiene cien mil cosas buenas.	
CLAVELIA.	Tu alma de tantas llenas	
	me hace de ellas capaz.	
	Apuréme en tu crisol:	2635
	este valor tuyo es,	
	que en este cuerpo francés	
	hay espíritu español.	
LEONIDA.	¡Qué gracioso francesillo!	
FELICIANO.	Un abrazo quiero darte	2640
	por darme en ti tanta parte.	
CLAVELIA.	Testigos hay, sea sencillo.	

2616   Equívoco, con referencia al tópico de la «guerra del amor», metáfora ya en Ovidio, *Ars amatoria*, II, 233, y *Amores*, I, ix, 1. Lope usa la metáfora con frecuencia; cf. Hill y Harlan, ed. *Cuatro comedias*, 155:1811 (agréguese otro ejemplo de *La Dorotea*, 127). Menudean aquí las ambigüedades sexuales.

2621-32   Este pasaje abunda en ejemplos de *engañar con la verdad*, un truco favorito de Lope (cf. Fichter, ed. *El sembrar*, 188:779).

2623   *jueces:* testigos. Sentido no registrado por los diccionarios. Otros casos en *El bastardo Mudarra*, v. 2408, y *El villano en su rincón*, v. 2521, y Calderón, *Obras completas*, I, 21d, 1579c, 2051c; II, 1146d. Cf. también Lope (?), *El sufrimiento premiado*, v. 53 (con buena nota de Víctor Dixon).

2629   *prometo:* aseguro (ejemplos en Fontecha, *Glosario*).

	Que si no, de este abrazar	
	tan picado me declaro,	
	que desde el primer reparo	2645
	paro hasta siete y llevar.°	
FELICIANO.	A mi padre voy a ver.	
	Leonida, no se haga, digo,	
	cama a Pedro, que conmigo	
	la puede ahora tener.	2650
LEONIDA.	¿Para qué tanta estrechura,	
	sobrando casa y en qué?	
CLAVELIA.	Que bien con él dormiré,	
	la de tu hermano procura.	
FELICIANO.	Venme, Pedro, a descalzar.	2655

Vase éste

CLAVELIA.	Señor amo, luego voy.	
[*Aparte*]	(Alegre esta noche estoy.	
	¡Par Dios, que os he de brindar!)°	
	¿Tenéis, por dicha, deseo	
	de casaros?	
LEONIDA.	Sí, contigo.	2660
CLAVELIA.	¿Conmigo? Dios me es testigo	
	que soy capón.	
LEONIDA.	No lo creo.	

2644-46 Estos versos, llenos de insinuaciones eróticas, constituyen una metáfora sostenida, basada en el juego. *Picado:* «estar picado en el juego, pesarle de perder y porfiar en jugar» (Covarrubias); *reparo:* suerte de juego (cf. Rodríguez Marín, ed. Cervantes, *Rinconete y Cortadillo*, 360:34); *parar:* «en el juego, poner el dinero contra el otro...» (Covarrubias), apostar; *siete y llevar:* «En el juego de la banca se llama la tercera suerte, en que se va a ganar siete tantos» *(Autoridades)*.

2658 *brindar:* provocar. Cf. «Cuál se llega a las que van / brindando los retozones, / y trueca a mil refregones / un pellizco que le dan», Alarcón, *Las paredes oyen*, vv. 736-39.

En los versos siguientes, se da el motivo de la mujer que se enamora de otra, vestida de hombre. Tal motivo era muy difundido, hallándose en varias vidas de santas, como Margarita, Marina, Pelagia y Teodora (amén de *Gl'Ingannati* y sus derivados aludidos en nuestra introducción).

CLAVELIA.	Algún día lo veréis.	
LEONIDA.	¿Y cuándo será ese día?	
CLAVELIA.	Sé que os hallaréis más fría	2665
	que imaginaros podéis.	
LEONIDA.	¿Querrásme tú?	
CLAVELIA.	Sí, por Dios.	
	Pero a una cosa me obligo:	
	que os habéis de hallar conmigo	
	segura como con vos.	2670
LEONIDA.	No te finjas tan helado.	
CLAVELIA.	Yo os quiero desengañar,	
	que soy serena del mar,	
	de medio abajo pescado.	
	Pero decir: ¿qué querían	2675
	éstos de mi tierra aquí?	

Julia sale

JULIA.	Mi señor te llama.	
LEONIDA.	¿A mí?	
JULIA.	A ti, señora, decían	
	mi señor y Feliciano.	
LEONIDA.	Voy porque no se alborote.	2680
CLAVELIA.	Aquí está vuestro Perote.	
LEONIDA.	¡Ay, Pedro!	

Vase Leonida

JULIA.	¿Qué es esto, hermano?	
	¿Anda bueno con mi ama?	
	¿Ya se le olvida del beso?	
CLAVELIA.	Téngole en el alma impreso.	2685
	Digo que tú eres mi dama.	
JULIA.	Juntos hemos de dormir.	
CLAVELIA.	Duermo yo con mi señor.	
JULIA.	Conmigo será mejor.	
CLAVELIA.	Si pudiere, has de decir,	2690
	que te quiero cuanto puedo.	

182

Mira que me has de enseñar
luego a tañer y cantar
en español.

JULIA.   Habla quedo.

CLAVELIA.   Y esto de la zarabanda:°   2695
«Que un pícaro como yo
sin gracias nunca medró».

Tristán aceche

TRIST. [Ap.] (Bueno anda todo, bueno anda.)

JULIA.   Yo te enseñaré mil cosas,
mas en premio has de abrazarme.   2700

CLAVELIA.   Que me place.

JULIA.   Y has de darme
un beso con esas rosas.°

TRIST. [Ap.]   (Bien anda la borrachera.
Perote con mi fregona.)

CLAVELIA.   Visto nos ha.

TRISTÁN.   Y ella mona°   2705
anda, buena virotera.°
¡Éntrese allá noramala!

JULIA.   ¿La paz de Francia te enoja?

TRISTÁN.   ¡Entre allá!

JULIA.   ¡Cómo me arroja!

CLAVELIA.   Mi amo, ¿dónde está?

TRISTÁN.   En la sala.   2710

CLAVELIA.   Adiós, Julia.

JULIA.   Adiós, mi alma.

CLAVELIA.   ¿Pésate esto?

2695 *zarabanda:* «Tañido y danza viva y alegre, que se hace con
repetidos movimientos del cuerpo poco modestos», *Autoridades.* Abundante bibliografía sobre la zarabanda en F. Rico, ed. *La novela picaresca,* I, 404:4.

2702 *rosas:* labios (metáfora vulgarísima, aquí parodiada; a veces,
como en el v. 438, significa 'mejillas').

2705 *mona:* borracha.

2706 *virotera:* coqueta, mujer que anda con *virotes* (mozos solteros, elegantes, ociosos y enamoradizos; *el virotero* es Cupido). Falta
virotera en los diccionarios.

TRISTÁN.   Esto no más,
pues ¿ya yo no sé que estás
tan llano como la palma?°

Liseno y Rosardo salen

ROSARDO.   No se suena otra cosa.
LISENO.   ¿Que es posible,   2715
Rosardo, que ha venido Feliciano?
ROSARDO.   Digo que quien le ha visto me lo ha di-
LISENO.   Aceros ha tenido de soldado: [cho.
no ha querido más padre que la guerra
ni más regalo que ejercer las armas.°   2720
ROSARDO.   Dicen que viene un valeroso mozo
y no pobre de galas y servicios.
LISENO.   Basta para un bisoño en solo un año.
    [*Aparte*]   (¿Puede igualarse la desdicha mía,
que cuando tuve los franceses presos,   2725
viniese Feliciano a hacerlos libres?)
ROSARDO.   ¿Y es, Liseno, verdad que se ha tratado
entre ellos y este viejo codicioso
darle al mayor a Leonida?
LISENO.   Y creo
que en cenando firmó las escrituras.   2730
¡Ay de mis esperanzas malogradas!
¡Ay de mis vanos pensamientos locos
y el tiempo de mi vida mal perdido!
ROSARDO.   Yo tengo por sin duda que si Alberto
sabe vuestra intención, os la daría   2735
mejor que al estranjero, pues sois pro-
                                        [pio
de este lugar y de su hijo amigo,
nacido en esta calle y en su casa,
que así puedo decir que sois nacido.

_____

2714 «Yo sé que tú eres mujer» (cf. vv. 2662, 2674).
2720 Verso análogo a aquellos tan famosos que empiezan «Mis
arreos son las armas, / mi descanso es pelear...», recordados por
Don Quijote (I, 116).

184

LISENO.	¿Y cómo podré yo intentarlo?
ROSARDO.	¿Cómo? 2740
	¿Queréis que le hable yo?
LISENO.	Por eso muero.
	Rosardo, si este bien de mi esperanza
	llegase a posesión, vuestra es mi vida
	y cuanto yo tuviere será vuestro.
ROSARDO.	El viejo está en la fábula.° Déjame, 2745
	que quiero dar un tiento a la fortuna.
LISENO.	Y yo, morir sin esperanza alguna.

Sale Alberto

ALBERTO.	Dile que acabe de vestirse presto
	para que vamos° juntos a la cárcel.
	Que aunque era justo descansar un día, 2750
	con los amigos piérdese el descanso.
ROSARDO.	Goces mil años de tu noble hijo,
	ilustre Alberto.
LISENO.	Bien venido sea,
	que nadie como yo lo deseaba.
ALBERTO.	Daros quiero mis brazos como amigos 2755
	de Feliciano y en su nombre.
LISENO.	¿Qué hace?
ALBERTO.	Cansado viene, aunque de salud bueno.
ROSARDO.	¿Viene muy gran soldado?
ALBERTO.	¿Es eso bur- [la?
	¿En un año de ausencia, gran soldado?
LISENO.	¿Cómo va de los huéspedes?
ALBERTO.	Ha sido, 2760
	Liseno amigo, una desdicha estraña.
LISENO.	¿De qué manera?
ALBERTO.	Violos la justicia
	y halos llevado por espías presos.

2745 *fábula:* «El rumor y hablilla del pueblo...», *Autoridades*. Con todo, el verso queda oscuro.

2749 *vamos:* vayamos. Forma muy usual en la época, al igual que *vais* por *vayáis* (cf. Morby, 239:76).

ROSARDO.	¿Quién te mete con hombres estranje-	
	que a veces daña tanta cortesía? [ros,	2765
	Y es lo bueno que ahora, no sabiendo	
	de su prisión la causa, te quería	
	dar parabién de la que hubiera sido	
	tu perdición, si acaso al uno dieras	
	lo mejor de tu casa, que es Leonida.	2770
ALBERTO.	¿No ves que ya se intenta su probanza	
	y Feliciano dice que son nobles	
	y los más ricos de León de Francia?	
ROSARDO.	De ti me río. Un hombre de tus pren-	
	[das,	
	que puede con su igual casar su hija,	2775
	¿quiere darla a un estraño?	
ALBERTO.	¿Y no es cor-	
	[dura,	
	si es el estraño de valor más propio?	
	Un diamante no nace aquí en España	
	y por eso en España es de más precio.	
	Al fin, todo lo que es de más estima	2780
	es lo que viene de estranjeras tierras.°	
ROSARDO.	Para la calidad del casamiento,	
	no me parece, Alberto, a buen propósito.	
	Tres cosas se requieren al que es	
	[bueno:	
	igual, del mismo pueblo y conocido.	2785
ALBERTO.	¿Y ésas piensas que se hallan en la	
	[calle?	
ROSARDO.	Bien lo podrás decir, pues en la tuya	
	sé yo quién te viniera más a cuento.	
ALBERTO.	¿Cómo en la mía?	
ROSARDO.	¿Aquí no está Liseno,	
	noble, rico, mancebo, gentilhombre,	2790
	tu igual, tu conocido, tu vecino	

2780-81 También en *Del mal, lo menos* (462d) y en su novela *La Arcadia* (142), censura Lope la tendencia española de anteponer lo extranjero a lo nacional (cf. Herrero García, *Ideas de los españoles*, 73-74).

	y que por hijo le has tenido siempre	
	y dice que de pila le sacaste?	
ALBERTO.	Llámale acá.	
ROSARDO.	Liseno, ya está hecho.	
LISENO.	Bésoos, señor, las manos como hijo	2795

ALBERTO.   Llámale acá.
ROSARDO.   Liseno, ya está hecho.
LISENO.   Bésoos, señor, las manos como hijo   2795
            por la merced de darme vuestra hija,
            que en mí no tenéis yerno, sino esclavo.
ALBERTO.   Pues, ¿quién te ha dicho a ti que te la
                                              [daba?
LISENO.   Rosardo dice que esto estaba hecho.
ROSARDO.   Yo te quise decir que estaba dicho.   2800
ALBERTO.   Pues hay del dicho a el hecho muchas
                                          [leguas.°
            Tu voluntad estimo en lo que es justo,
            pero en efecto he dado la palabra.
            Si de ésta escapo, cumpliré la tuya.
LISENO.   De la misma manera os lo agradezco   2805
            y permítalo el Cielo.

Sale Feliciano

FELICIANO.   ¿Amigos, dices?—
            ¡Oh Liseno! ¡Oh Rosardo!
LISENO.   ¡Oh Feliciano!
            Qué deseado que habéis sido.
FELICIANO.   Creo
            que mi deseo mereció esa paga.
LISENO.   ¿Cómo venís?
FELICIANO.   Con gusto y salud vengo.   2810
ROSARDO.   ¿No fuera bueno descansar?
FELICIANO.   Quisiera,
            mas tengo unos amigos en la cárcel.
            Y pues habéis venido a tan buen tiempo,
            quédese mi señor y los tres vamos.
            Iréos diciendo parte de mi vida.   2815

2801 Variante del conocido refrán *Del dicho al hecho hay gran trecho*.

ALBERTO.   Pues alto, si yo fuere de importancia,
             envíame un crïado.

FELICIANO.   No presumo
             que será menester.— ¿Estáis muy bue-
                                                [nos?

LISENO.   Buenos, y en veros, de contento llenos.

                    Quede Alberto

ALBERTO.   Hame contado tantas maravillas   2820
             de la nobleza del francés Teodoro
             Feliciano, mi hijo, y ha[n] podido
             tanto las joyas con mis manos y ojos,
             que haré sin duda aqueste casamiento,
             porque esto de Liseno todo es viento.   2825

                    Sale Julia

JULIA.   En tu busca, señor, vengo.
ALBERTO.   ¿Qué hay, Julia?
JULIA.   De mi lealtad
             conocerás la verdad
             en la que contigo tengo.
                 Aunque el decirlo me aflija...   2830
ALBERTO.   ¿Qué te turbas? Di lo que es.
JULIA.   El lacayuelo francés
             queda abrazado a tu hija.
ALBERTO.   ¿Perote?
JULIA.   El mismo.
ALBERTO.   ¡Oh, bastarda!
             ¿Con un muchacho estranjero?   2835
             ¡Mataréle! Voy. ¿Qué espero?
             ¿Es cierto?
JULIA.   Sin duda.
ALBERTO.   Aguarda.

Vase éste

JULIA.
Esto han podido mis celos,
del alma fuego y azote.°
Hoy a la muerte, Perote,   2840
te han sentenciado los Cielos.
   Y aunque os halláis disculpado
en escoger lo mejor,
por eso pintan a Amor
muchacho, ciego y vendado.°   2845

Salen Tristán y Clavelia. Alberto, tras de ella,
con una daga

CLAVELIA.
Detenle, amigo Tristán.

JULIA.
No quiero hallarme a su muerte.
Voyme, traidor, por no verte.

Vase

TRISTÁN.
¡Tente!

ALBERTO.
            ¡Suelta, ganapán!

TRISTÁN.
   Dame, señor, muerte a mí   2850
y deja a Pedro, señor.

ALBERTO.
¿Vos con Leonida, traidor?
¿Así deshonrarme, así?

TRISTÁN.
   Hante de oir los vecinos.

ALBERTO.
¡Estoy loco!

TRISTÁN.
                  ¡Ten, por Dios!   2855

ALBERTO.
¿Quieres que os mate a los dos?

2838-39 Los celos eran universalmente condenados en la literatura de la época, aunque por otra parte, se reconocía que no hay amor
sin ellos. Era corriente llamar a los celos *fuego* (cf. v. 2839) o *infierno*. Abundante bibliografía en Fichter, ed. *El castigo*, 229:903;
Arco, *La sociedad*, 388-99; Morby, 286:193 (para los celos como infierno, agréguese Calderón, *Obras completas*, I, 2021a, c; II, 434b-c).
   2844-45 *Amor ... vendado:* Cf. v. 443 y n. León Hebreo, *Diálogos*
de amor, 306b y 342b-c, explica por qué a Cupido «le pintan niño ...
ciego ...» (pasaje imitado por Montemayor en *La Diana*, 196); véase
también E. Panofsky, *Studies in Iconology*, 104-8.

TRISTÁN.	¡Ay!
ALBERTO.	¿Qué es eso?
TRISTÁN.	¡Ay, intestinos!
ALBERTO.	¡Pluguiera a Dios que te hiriera!
TRISTÁN.	¿Fue más de que la abrazó?

Eso en su tierra aprendió,   2860
que se usa de esa manera.

ALBERTO.	El francés ha de morir.
TRISTÁN.	¿Estás ya determinado?
ALBERTO.	O a lo menos azotado

y pringado° a Francia ha de ir.   2865

CLAVELIA.	¿Pringado? ¿Soy negro yo?
TRISTÁN.	Pues señor, por él me pringa,

que aunque es haca que respinga,°
jamás a yegua ofendió.

CLAVELIA.   Señor, ¿qué quieres hacer?   2870
Que no me castigues pido
por cosa que no he comido°
ni menos puedo comer.
      Mira que soy caponcillo.

TRISTÁN.	Sí, señor, de entrambos lados. 2875
ALBERTO.	¿Vístelo?
TRISTÁN.	Los días pasados.
ALBERTO.	Aun es infamia sufrillo.

      Desnúdale luego aquí,
trae una rienda o azote.

TRISTÁN.	¡Ah, pobre de ti, Perote! 2880
CLAVELIA.	¡Ah, Tristán, pobre de mí!
TRIST. [Ap.]	(Señor, oye aparte.
ALBERTO.	Acaba.
TRISTÁN.	Oye.

2865 *pringar:* «cierto tormento —a menudo aplicado a negros y
a moros— consistente en derretir tocino a la llama de un hacha
sobre las heridas causadas por los azotes», Rico, ed. *La novela picaresca,* I, 12:18.

2868 *respinga:* brinca (con insinuaciones eróticas). Cf. Gillet, 643:
32. Es corriente el uso del caballo como símbolo sexual (cf. v. 1124
y n.).

2872 Con el comunísimo sentido de 'gozar sexualmente' no figura
comer en los diccionarios.

ALBERTO.	Di.
TRISTÁN.	¿Que esto ha de ser?
ALBERTO.	Sí.
TRISTÁN.	Pues sabe que es mujer.
ALBERTO.	¡Jesús! Ya lo imaginaba.

2885

TRISTÁN.   No lo oiga, que es mía, y un día
de Tolosa la saqué.

ALBERTO.   ¡Oh Tristán! Hoy te daré
mi hacienda, si la haces mía.

TRISTÁN.   Que no, no. Venga el azote,   2890
despiérnala° y martiriza.

ALBERTO.   Fuego soy, ya soy ceniza.)
Dame esos brazos, Perote.

TRIST. [Ap.]   (Paso, no le digas nada.
Finge que no la conoces   2895
y trazaré que la goces
aquesta noche acostada.

ALBERTO.   ¿Que gozaré sus estrellas?°
Tuya es mi hacienda, Tristán.

TRISTÁN.   —Que ya no te azotarán,   2900
no llores.

ALBERTO.   ¡Lágrimas bellas!
Por Dios, que siempre pensé
lo que ahora cierto veo.

TRISTÁN.   Vete y déjame, que creo
que ahora hablarla podré.)   2905

ALBERTO.   Pedro, vuestro amigo soy.
No importa, hablad a Leonida.

CLAVELIA.   No pienso hablarla en mi vida,
señor, si disgusto os doy.

ALBER. [Ap.]   (¡Muerto me ha la francesilla!)   2910

Vase

CLAVELIA.   ¿Cómo se hizo la amistad?
TRISTÁN.   Hele dicho la verdad.

2891 *despernar:* cortar las piernas.
2898 *estrellas:* ojos (metáfora petrarquesca vulgar; cf. Fichter, ed.
El castigo, 218:591).

CLAVELIA.	¡Ay!
TRISTÁN.	¿Eso te maravilla?
	¿Fuera mejor que entendiera
	nuestra traza y te azotara?
CLAVELIA.	¿Fue toda la verdad clara?
TRISTÁN.	Que eras mía dije, espera,
	y que esta noche quería
	que tú durmieses con él.
	Pero reirémonos de él.
CLAVELIA.	¡Discreto, por vida mía!
	¿Adónde está Feliciano?
TRISTÁN.	A la cárcel habrá ido.
CLAVELIA.	¿Ya no dicen que ha tenido
	buena información mi hermano?
TRISTÁN.	La prisión ha sido injusta,
	ya todos vienen aquí.
	Escóndete.
CLAVELIA.	Harélo así.

Salen Teodoro, Otavio, Feliciano,
Liseno y Rosardo

FELICIANO.	Sea, si mi padre gusta,
	que de todo estoy contento,
	ya que tenéis libertad.
TEODORO.	Corresponde a mi verdad
	vuestro hidalgo pensamiento.
LISEN. [*Ap.*]	(No estoy para ver mi muerte.
	Rosardo, ¿qué aguardo aquí
	si esto se concierta así?
	Mi vida se desconcierte,
	acabe el discurso de ella,
	no viva más mi desdicha.
ROSARDO.	¿Hate de faltar, por dicha,
	otra más noble y más bella?
	Vamos de aquí.)
LISENO.	Ya que estáis,
	señores, libres, adiós.

Line numbers: 2915, 2920, 2925, 2930, 2935, 2940

Rosardo.	¿Qué nos mandáis a los dos?
Feliciano.	Que con Dios, señores, vais,° 2945
	y esta tarde nos veamos,
	que quiero ver el lugar.
Liseno.	Pues yo os vendré a acompañar.
Feliciano.	Y yo iré a serviros.
Liseno.	Vamos.
Teodoro.	Pues solos hemos quedado, 2950
	Feliciano, tiempo es ya
	de hablaros por lo que está
	mi honor al vuestro obligado.

Ya sabéis que me robastes
con Clavelia el claro honor   2955
que, de un noble antecesor
heredado, disfamastes.

Otavio y yo por el mundo
un año os hemos buscado
y, cual veis, peregrinado   2960
tanta tierra y mar profundo.

Dadme a Clavelia mi hermana,
que a Otavio no hay qué le deis,
que vos su esposo seréis,
o aquí vuestra muerte es llana.   2965

Metan mano a los bordones,
que traerán espadas dentro

Feliciano.	Paso, que es gran sinrazón
	la que me pedís a mí,
	que nunca a Clavelia vi,
	ni autor fui de esa traición.
	¿Y no os merece la vuestra 2970
	la hermana que os he ofrecido
	y el haberos pretendido
	dar la mejor prenda nuestra?
Teodoro.	¿Cómo que no la robastes?
Feliciano.	Antes estoy ofendido 2975

2945 *vais:* vayáis (cf. v. 2749 y n.).

	que me trajisteis vendido	
	y que matarme intentastes.	
TEODORO.	Pues traidor, cuando fingías°	
	que Elisa mi dama fue,	
	y a cenar te convidé,	2980
	¿cómo a cenar no volvías?	
FELICIANO.	Porque entendí vuestro trato,	
	y era solo y estranjero.	
TEODORO.	¿Tú eres noble y caballero?	
	Eres villano y ingrato.	2985
	Tú la sacaste, y cansado,	
	la debiste de matar.	
OTAVIO.	Gente viene. Otro lugar	
	busca de hacerte vengado.	
	Vamos, Teodoro.	
TEODORO.	¡Ay, Otavio,	2990
	no te asegure ser corte,	
	que no hay adónde no corte	
	la espada con el agravio!—	
	Tiraréte un arcabuz	
	en medio de aquesa calle,	2995
	y a mí, después de tiralle	
	ésta° u otra hasta la cruz.	
	Mira que me has infamado,	
	español bravo, insolente,	
	y no hay cosa que no intente	3000
	un hombre desesperado.	

Vanse

FELICIANO.	Suspenso he quedado, y mudo.

2978 Por efecto de su cólera, Teodoro pasa del *vos* al *tú*, forma más familiar. Antes, en momentos de turbación o emoción, Otavio y Teodoro cambian el *tú* por el *vos* (vv. 1840-49 y 2274-76). Esto mismo sucede a Don Quijote con Sancho en alguna ocasión (II, 116 y 406, con notas de Rodríguez Marín). «La mezcla de *tú* y *vos* hállase desde Berceo hasta Santa Teresa y Cervantes, y en escritor tan cuidado como Granada» (J. Gómez Ocerín y R. M. Tenreiro, ed. *El mejor alcalde, el rey*, 189:295; citan bibliografía).

2997 *ésta:* su espada o daga.

Tristán, ¿qué digo?

TRISTÁN.   ¿Qué quieres?

FELICIANO.   ¡Ay de mí!

TRISTÁN.   ¿Qué hay?

FELICIANO.   No te alteres.

¿Que esto sucederme pudo?   3005

TRISTÁN.   ¿Qué fue?

FELICIANO.   Que Otavio y Teodoro
quisieron matarme aquí.

TRISTÁN.   ¿Pues están ya libres?

FELICIANO.   Sí,
mas pues a Clavelia adoro,
quiero casarme con ella.   3010

TRISTÁN.   No te arrepientas después.

FELICIANO.   Si la adoro y mi bien es,
¿podré dejar de querella?

TRISTÁN.   Podrás con la posesión,
cuando la veas tu esposa,   3015
aunque cierto que es forzosa
y justa la obligación.
          ¿No has oído el refrancete
del sacristán de San Pablo,
que de tratar el retablo   3020
ya no le quita el bonete?°

FELICIANO.   Clavelia me ha de agradar
siempre, por más que la trate.
Su obligación me combate:
con ella me he de casar.   3025

TRISTÁN.   Basta. ¿Llamaréla?

FELICIANO.   No,
di que mude de vestido.

TRISTÁN.   Voy.

FELICIANO.   Presto.

3018-21 Desconocemos el origen de esta anécdota, que ilustra una difundida idea folklórica: que la familiaridad quita el miedo y el respeto (motivo U131 en S. Thompson, *Motif-Index*). Cf. *El mucho trato es causa de menosprecio* (Martínez Kleiser, *Refranero*, 61.406).

Sale Alberto, con Teodoro y Otavio

ALBERTO.   Pues si eso ha sido,
          podré remediarlo yo.
              No os desesperéis así.—   3030
          ¿Qué es eso, vil Feliciano?
TEODORO. No pongáis en él la mano.
FELICIANO. ¡Señor!
ALBERTO.   ¡Mataréte aquí!
              ¿Qué es de Clavelia, una hermana
          de este noble caballero?   3035
FELICIANO. Señor...
ALBERTO.   No te turbes.
FELICIANO.   Quiero
          saber a lo que se allana,
          primero que se la dé.
OTAVIO.   Como tú a ser su marido,
          ninguna cosa te pido.   3040
TEODORO. Ni yo, como viva esté.
FELICIANO.   Ella, señor, está viva
          y en tu casa. Entrá por ella.
TEODORO. Venga Leonida con ella
          y de ti merced reciba.   3045
              Que por mujer me la des.
ALBERTO. Hoy es de mi gloria el día.

                    Vaya Alberto

TEODORO. ¿Que es viva la hermana mía?
          Quiérome echar a tus pies.

          Alberto sale, y Clavelia en hábito de dama.
                  Leonida, Julia y Tristán

FELICIANO.   Y yo a los tuyos, que son   3050
          los que ya estimo y adoro.
CLAVELIA. A tus pies pido, Teodoro,
          de mis desdichas perdón.

196

TEODORO.	Mis brazos te quiero dar,
	y éstos a Leonida.
LEONIDA.	Soy 3055
	esclava vuestra desde hoy:
	tenedme en ese lugar.
TEODORO.	Sois mi esposa.
ALBERTO.	¡Ah, dama hermosa!
CLAVELIA.	¿Hay algo que os alborote?
ALBERTO.	Tristán, ¿no es ésta Perote? 3060
CLAVELIA.	Sí, mi señor.
ALBERTO.	¿Hay tal cosa?
	Dadme esos brazos.
TRISTÁN.	Y a mí,
	¿a Julia no me darán?
FELICIANO.	Desde hoy es tuya, Tristán.
ALBERTO.	Si Otavio se queda aquí, 3065
	mi sobrina y mil ducados
	de renta le quiero dar.
OTAVIO.	Con Teodoro he de quedar.
TEODORO.	Cuatro quedamos casados.
TRISTÁN.	¿Son pares de palominos?° 3070
CLAVELIA.	¡Oh, qué tengo que contarte,
	hermano Teodoro, aparte
	de nuestros largos caminos!
LEONIDA.	A Julia hay bien que reñilla.
ALBERTO.	Ya todo está perdonado. 3075
FELICIANO.	Y con el vuestro, senado,°
	se acaba *La francesilla*.

Fin de esta comedia

En Madrid, a 6 de abril de 1596

3070 Generalmente son símbolos del amor las palomas, no los palominos o palomos, aunque esto varía según las exigencias de la rima y la intención del hablante (aquí cómica). Cf. *Los melindres de Belisa*, vv. 1666-68, y *Fuenteovejuna*, vv. 768-70.

3078 De la comedia latina deriva la práctica, tradicional en la Comedia, de apostrofar a los oyentes al final. Además, «llamar *senado* a los oyentes era cosa muy de faranduleros y titereros...», Rodríguez Marín, V, 211:1.

M Lope Vega Carpio°

Todos quedan con ganancia,
contentos y satisfechos,
y éste es uno de los hechos
de la doncella de Francia

Finis coronat opus

Queda esta comedia copiada a letra como su original, anotando en estas últimas adiciones cuantas dudas, borradas y
rayadas, se han encontrado en ella. Madrid y junio 15
de 1762.

IGNACIO DE GÁLVEZ

3079+ Señala Justo García Morales (ed. *El príncipe inocente*, VII)
que Ignacio de Gálvez «trata de imitar la firma de Lope con la *M*
del nombre de su amada, *M*icaela Luján, antes de que conociera a
ésta en 1598 ... en todas las piezas reproduce una firma que consideró
característica, sin reparar bien en la que tenía delante».

APÉNDICE

VARIANTES DE LA EDICIÓN DE LA *TRECENA PARTE*

Preliminares:

LA FRANCESILLA
COMEDIA FAMOSA DE
LOPE DE VEGA CARPIO.
DIRIGIDA

Al Licenciado Juan Pérez en la Universidad
de Alcalá

Así aumentó mi afición el ingenio de V. m. el día que en el Real Monasterio de las Descalzas de Madrid, fundación de su Alteza, la serenísima Princesa de Portugal, doña Juana de Austria, defendió aquellas conclusiones y respondió a los argumentos de tan insignes varones con tanta valentía, que si antes amaba a V. m. por las obligaciones que reconozco a su padre, ahora le amo a él por V. m. Bienaventurado llamó Eurípides al que lo era en los hijos. Ninguna cosa, dijo Cicerón, que dio la naturaleza a los hombres más dulce, y por la misma razón de mayor precio, ni que con mayor cuidado deba solicitarse a que le tenga; por eso Plutarco reprehende los hombres que, pro-

199

curando hacienda con tanta diligencia, no cuidan de que sean buenos los hijos a quien ha[n] de dejarla. Platón, en el libro primero de sus leyes, resumió su número dichoso a los casados en varón y hembra, que tales pudieran ser en V. m. y la señora sor Petronila Madalena, cuyas virtudes y divino entendimiento no encarezco, porque en la profesión de su hábito las alabanzas son sayal, y los sayales, perlas. Finalmente, es un ángel en quien, como espejo lucidísimo, justamente se miran sus padres, y que V. m. debe tener presente para la compostura de sus años, y si las cartas que escribe no son presencia, mírese en ellos, que no habrá menester más eficaz ejemplo. Bien me perdonará V. m. esta lisonja, pues habrá visto en San Cipriano *Qui parentes laudat, filios provocat*, cuya materia en el capítulo tercero del *Eclesiastés* hallará V. m. difusamente. Tres beneficios dijo Aristóteles que debían los hijos a los padres: la causa del ser, engendrándolos; la del vivir, criándolos; y la del aprender, informándolos. La primera es de la naturaleza, la segunda del amor, y la tercera de la honra. Ésta bien se prueba, pues las otras no tienen necesidad, en la que solicitan los de V. m. con sus estudios en esa insigne Universidad de Alcalá, madre ilustrísima de tan generosos hijos que han ilustrado a España, y como raros fénix en las ciencias admirado el mundo. Las Artes se llamaron liberales porque convienen al hombre libre, por opinión de Séneca. *Hoc est* (dice el filósofo) *sapientem, sublimem, fortem, magnanimum, cætera pusilla, & puerilia sunt.* Pero V. m. nos da tales esperanzas, que se puede entender de su natural virtud y de sus pocos años lo que dijo San Agustín: que *Juventus & senium simul esse possunt in animo*, y por eso dijo también Ausonio que aquella juventud es grave que se parece a la vejez. Algún ejemplo tiene esta comedia que presento a V. m., de las perdiciones de los mozos y del cuidado de los padres por verlos ocupados en el amor o el juego, cuyos daños podrá V. m. advertir en su discurso, pues Dios le dotó de tal virtud y entendimiento. Y repare de paso en que fue la primera en que se introdujo la figura del donaire, que desde entonces dio tanta ocasión a las presentes. Hízola Ríos, único en todas, y digno de esta memoria. V. m. la lea por nueva, pues cuando yo la escribí no había nacido. Corregíla lo mejor que pude; dichoso yo, si tantas como me han impreso hubiera corregido. Y las faltas que hallare, divida por mitad en el autor y el tiempo. Y alargue Dios el de su vida, como merece y yo deseo, para que gocen sus padres el fruto de sus estudios.

Capellán de V. m.
LOPE DE VEGA CARPIO

FIGURAS DE LA COMEDIA

Alberto	Dorista
Feliciano	Tristán
Clavela [*sic*]	Liseno
Teodoro	Rosardo
Otavio	Elisa
Filiberto	Dos Alguaciles
Leonardo	Un Escribano

Representóla el famoso Ríos

ACTO PRIMERO

Salen primero Alberto, viejo, padre de Feliciano,
y Liseno, su amigo

4   ... gran castigo.
8   ... habellos ...
9   Caro Alberto, ...
10-12   que como quiera que sea, / naturaleza desea / engendrar ...
14   ... tan clara!
17   ... pesadumbre.
18-24   [*En lugar de estos siete versos aparecen los tres siguientes:*
También cuando mozo fuiste / desas locuras hiciste, / y fue tu
antigua costumbre.]
27-42   *Liseno.* Eso, Alberto, no te espante, / que antes habilita
amor. / Es mozo, y su inclinación / es juego y amor. *Alberto.* No
nombres.
46   discreto galán, y en corte?
49-54   No es mucho que sea liviano / y gaste en amor y juego.
58   por ventura? *Liseno.* Bueno, ¿yo?
60-61   ... Ni quiero. / Que de estar allí me pesa.
65   Y más ahora en Madrid,
67   que no es tiempo de buscar
69-70   Pues, ¿no hay muchos virtuosos / que traten de ...
71   Esto es, porque ...
73-78   Y déstos el más perdido / que pasa y vive bien aquí.
82-83   ... ser de importancia / partir a ...
84   ¿Que en ...
86-87   que un hombre ... / su patria, aunque ...
88   en efeto es en su nido.
89   Vaya mi hijo ...
92   no ha salido de su tierra.
97   Si ...
101-2   Y mormura sin ... / en corros ...
111   ... ansí

113   ¿Que escriba a ...
119   diga que hay guerra en ...
122   ya que se ...
127   ... tenéis ...
129   Mas él es quien viene ...
129+ *Entren Feliciano, con una carta, y Tristán.*
136+ *Trae Tristán otra carta en el sombrero, de su moza, y todo lo escucha el padre de Feliciano y el de Liseno.*
141   ¿Dice ...
144   no escribe sino «Senor».
146   ... en razón
151   ... dueña hablar.
155-56 Y «pícaro ... / si a vos el papel viniera.
159   ¿Que no era mujer? ...
160+ *Señala al sombrero, que tiene un papel allí.*
163   ... Óyete.
164+ *Va leyendo.*
165   [*Falta este verso.*]
168+ *Lee Tristán también su billete.*
169   ... lacaíles.
172   ... enhoramala.
172+ *Lea Tristán.*
176+ *Va leyendo.*
177   «Y con él ...
178. ... leer. «Y si ...
180-81 ¡Ah ... / ... a limpiarme vinieras!»
182   ¡Lleve el ...
183   ¿Hete de yo [*sic*] esperar a ti?
189   ¿Es mi padre? ...
195   necio, de tu loco error.
195+ *De rodillas.*
200   hoy te has de partir ...
205   Dalde luego de ...
206   ¿Hoy? ¿Pues cómo? *Alberto.* Por la posta.
208   ... cual letrado,
219   y tráele ...
222   que es de revista sentencia,
223+ *Vase Tristán.*
225   Liseno, ¿es cierta mi ausencia?
227   ¿Sobre qué fue? ...
235   ... lo ha dicho ...
237   ¿Ansí ...
237+ *Entre Leonida, su hermana.*
250   ... ansí,
253+ *Entra Tristán, lacayo.*
254   ... se ensillaban.
261   ... ansí?
263   ... o otro mal?
266   ... leer el ...
269-70 (¡Ah cruel! / Guarda este ...
273   A ver, descúbrase ...
274   Señor, que no traigo nada.
274+ *Vale sacando.*

204

278-79 ¿Tu retrato? *Feliciano*. (Mil desmayos / me cubren.) *Alberto*. Vive sin ley.
285+ *Entra Leonida con un talego*.
292 ... a Francia
305+ *Llora Leonida*.
309 de cólera. *Liseno*. Escucha. *Alberto*. Bueno.
309+ *Vanse todos. Queda Feliciano y Tristán, su lacayo*.
310-11 ... les hables, / sino que a Arminda le cuentes
316-17 ... Tristán, eso lloro, / son vísperas ...
331-32 ... prenda bien creo / que la busque tu ...
332+ *Entre el Postillón de caballos*.
340-41 por las ... / que al mundo *Plus* ...
347-48 ... plazas, calles, ... / ocupados ...
354-55 Castas Lucrecias, Tarquinos, / Sol, Venus, Martes, Adonis,
358-59 Armas, plumas, ... / músicas, ...
365 ser invidiosos ...
370-72 ... ríos, / alamedas, prados, bosque, / ... invierno
378 Adiós, caudalosos juegos,
390 *Feliciano*. Postas, camarada, vamos.
390+ *Vase Feliciano*.
394-95 [*Faltan estos versos*.]
405+ *Vanse. Entra Clavela y Dorista, dueña*.
410-13 [*Faltan*.]
435-37 átomos del sol brillantes / sobre tus marfiles, antes / que le vuelva el tiempo en nieve.
439 sin afeitados martirios,
442-45 [*Faltan*.]
446-47 ... boca, mientras deja / que rojo coral la ...
450-51 Los dientes, que perlas son, / en nácar antes que sean
459 si es descuido de mi ...
473 ... este ...
474 Si aguardas a que tu ...
476-77 hacienda, él te ... / que tú le aguardas en ...
486 ... todo un padre,
490 Que aun ...
493 ... hablar.
498-501 [*Faltan*.]
503 ¡Qué gala y qué bizarría!
506-9 [*Faltan*.]
510-11. Créeme, que ... / ... darme interés
514-15 pues Filiberto ... / que por ...
516 ¿Y quién le ha metido? ...
517+ *Entra Filiberto, galán francés*.
519 doy, señora, por disculpa
521-22 este honrado ... / Ansí ...
526-27 Y si a eso me ... / ese rostro que me obliga,
528-29 cuando mi pena castiga, / volverá ...
530-37 [*Faltan*.]
539 que parece ...
542 Ansí que si él es ...
545 merezca ...
546-53 [*Faltan*.]
554 ... podrá guardaros

556-57 y hay ... / ... y amaros.
558-77 [*Faltan.*]
578-81 [*Filiberto dice estos versos.*]
579-81 de su ... y mudanza / suele tener ... / ... sus trabajos ...
582-609 [*Faltan.*]
610 ... locuras,
613 qué sabrosas confituras!
616-17 todos dicen a su dama: / ... decíselo ...
619 me vas ahora ...
622-25 [*Faltan.*]
626 De algunos déstos ...
638-41 [*Faltan.*]
642 Oye, espera, que ...
644 que quieren ...
646-49 [*Faltan.*]
650 Llega y tómale ...
650+ *Va a ella.*
653 Amo, ...
660-61 ... la be, / como el cordero ...
662-63 Amor, amor en rigor / es obras, obras es ya.
665-66 ... del amor. / Mientras de aquí no me ...
670 Señora, dadme una ...
675+ *Vase Felibardo. Sale Leonardo.*
681 y el ...
682-97 [*Faltan.*]
699-700 ... Porque le hablé, / di más, que ...
715-16 ... que agora ... / si has de escoger ...
718-21 [*Faltan.*]
722-23 ... te he ofendido? / *Clavela.* ¿Puede ...
725 loca mariposa he sido.
730-32 ... siglo haya mi ... / ... sabido / ... interrompido
737 ... del Febo, ...
739 ... sino tormento»,
741-42 ... de vaca. / ¿Que no hablan de esa dureza
744+ *Vase a esconder Leonardo.*
747 ¿Ansí ...
749+ *Entra Octavio, y Teodoro.*
750 ... agora ha sido
756 de tu remedio como prenda mía,
759 otra ocasión, ...
765 ... que en volviendo seas.
766-73 [*Faltan.*]
774 Si como forastero ...
776-77 de vos y nuestros ... / por ellos a ...
778-79 Éstos humilde como esclavo ... / ... su gloria ...
786-87 Decid con solo un ... / ... vuelva de ...
789 ... y vuestro hermano ...
791-92 ... y honra ... / que solo del temor ...
793-94 no os doy el justo «sí» ... / *Octavio.* Pues ése humilde
como esclavo os pido.
795-96 ... si queréis ... / ... Llamen dos amigos.
797 ... señora ...
797+ *Aparte.*

799   ... casa a estos ...
801+   *Vase Dorista.*
805   esto ...
805+   *Entra Dorista con Leonardo y Filiberto.*
806-7   A estos ... / (Cielos, ¿qué veo? ¿No ...
810   ... son testigos.
814   la mano con solene ...
817   [*Esto lo dice Filiberto.*]
818   [*Esto lo dice Leonardo.*]
819   ... buena hora.
821-22   ... ¡Ay, Cielo ... / que aquesto ...
825-26   cuando os hallé cerrado en mi aposento. / ... cuando os
hallé, ¡por Dios! ...
831   [*Falta.*]
833+   *Abrácense.*
834   [*Falta.*]
835   ¿Habéisme de olvidar? ...
837+   *Vanse todos. Quedan ellas, y salen por otra puerta Feliciano, muy galán de camino, y Tristán, su lacayo.*
839   De las mejores de ...
842   ¡Oh, ...
844   ... en vos ...
846   ... habemos ... de ...
848-49   Pues bien, ¿de qué son las ... / ¿Pues vas ...
860   ... Decirte puedo
863   también Arminda. ...
865   ... ansí ...
868   El caldero ...
870   Ansí será ...
878   A un niño ...
882   ¡Ah, ...
884   ... ansí ...
890   ... pese a ...
892   ¿Qué tuve ...
894-95   Pues ... / ... albañal ...
903   eran buenas. ...
905   Oídme, pues ...
910   [*Habla Tristán primero.*]
911   [*Habla Dorista.*]
912-13   ... me mandó ... / que llaman ...
915   ... tasa y ...
920   ... ansí.)
922   ... invierno, ...
927-28   En que ... / Español. ...
930   ... eso ...
935-36   mas yo ... / que apenas deciros ...
937   ... agora ...
939-40   en decir ... / ¿Por qué? ...
946   ¡Oh español! *Dorista.* ¿Qué dices? ...
954   ... puedo ...
967+   *Hablan aparte Feliciano y Clavela.*
970-71   ... vos y yo ... / si no es que por dicha os ...
972   ... dueña francesa,

976   deste ...
979   él a caballo ...
984   un criado ser malilla
986-87   ... ansí ... / y luego ...
991   ... ves ...
994   ¿No lo ...
999-1000   Mil escudos lleva en ... / y han ...
1002   ... ¿Qué es vos?
1008   Tristán. *Tristán.* Aquestas mujeres
1010-11   ¡Ay, Tristán, que ... / ... me parió.
1013+   *Han estado hablando las dos solas.*
1014   ... será la burla buena,
1020   ... a León,
1022   ... aquesto ...
1030   Tristán, muestra ...
1037   ... Diera ...
1042   ... Ya me pesa,
1046   [*Hablan Tristán y Dorista.*]
1049+   *Sale Feliciano y Tristán.*
1051-52   mi desventura ... / ... Circe ...
1057   ... sátiro, tú ...
1059   aquesta ...
1061   tan baja ...
1062-85   [*Faltan.*]
1088-89   en tiempo ... / y de hambre vas ...
1090-93   [*Faltan.*]
1094   ¡Ah, ...
1099   que a un ...
1102   ... el César ...
1106   No la ...
1109-10   esos ... / ... ansí?
1113   si te ha de creer. *Feliciano.* Yo sí.
1115-16   te quitan ... / Ansí ...
1118-19   Historias. *Feliciano.* Éste es lugar. / Buscaré un jumento en él,
1124-25   ¡Que una ... / cueste ...
1126   [*Habla Feliciano.*]
1128   Aquí sale ...
1129+   *Sale [el] Hostalero.*
1133   ... podrán ...
1135   ... Frisia o Grecia?
1136   [*Falta.*]
1137   ... blanco, ...
1137+   ¿Manso, feroz, hidalgo, noble o zaino?
1139   [*Falta.*]
1140   paja, alcacel, alfalfa? *Feliciano.* ¡Bravo estrépito!
1141   ¿Ansí ...
1144-45   Mas pues baja la noche melancólica, / apercebid la cama y la bucólica.
1148   ... comer, porque hay manteles ...
1148+   varias toallas de un famoso artífice,
1152-54   ... ciruelas con panales ... / tocino lampreado, pastel, ... / gallina y perdigón ...

1155   [*Falta.*]
1156-57   macarrones, arroz, ... / ... cilléruedas.
1158-59   [*Faltan.*]
1161   ... salmón y róbalo con sábalo.
1163-65   ... postre ... / ... y cerveza y pomas de ... / queso de España, ...
1166   [*Falta.*]
1168-69   ... ¿Hay rábanos? / *Hostalero.* Hay rábanos, hay cardos y hay ...
1169+   chirivías, hinojo, anís, espárragos, / y para Venus hay ostión marítimo.
1171-72   oro, plata, cristal, metal y ... / ... porcelanas japónicas y chínicas.
1173-75   Vamos, porque le ha ... tarántula, / y dirá que enero tiene ... / *Hostalero.* ¿Qué digo? ... Un poco pálido
1176+   le dio cierta señora vino estítico / y como amante enfermo del estómago,
1179   Dalle ...
1180-84   Y a mí con un jamón, y sea purísimo, / que me tiene el amor acabadísimo.
1184+   *Vanse todos. Salen Octavio y Teodoro, de camino.*
1188   ... ansí ...
1193-94   ¿Holgaráste? *Octavio.* Es justa cosa / y tú ...
1197   de vuelta ...
1198   El alma, que la desea,
1203-4   ... emprendes? / *Teodoro.* Pretendo ...
1205-9   [*Faltan.*]
1210   ¡Oh, ...
1210+   *Sale el Hostalero.*
1218   ... algo corta.
1221   ¿Hay ...
1230   ... mi fe, ...
1236-37   aunque ... / *Teodoro.* ... llamalde ...
1238-39   ... cosas de ... / ... ansí.
1242-43   [*Están trocados estos versos, y ambos pertenecen a Octavio.*]
1244   *Teodoro.* ¿Y adónde está? *Octavio.* En esa ...
1245   [*Primero habla Teodoro.*]
1246   llama ...
1251   ... hablallos ...
1253   ... *Octavio.* ¿Español? *Feliciano.* ¡Oh monsures!
1256   ... por vida mía,
1263   (Brindalle ... ¡por ...
1266   ... Nada allí
1268-69   ... *Teodoro.* Él viva / ... ansí.
1270   ... Rey? *Feliciano.* Bueno. Dios ...
1273   ... neblí ...
1275   [*Primero habla Teodoro.*]
1278   ... ocasión ...
1282   con ... con ...
1285   Amigos, dineros, ...
1290-91   Del rigor ... / partí ...
1296   ... y a ...

1298-99 Por Lenguadoc pasé a Francia. / ... fiesta,
1304 ... partir un ...
1307-8 ... paguélas / por dos veces las ...
1310-11 ... la dama, / ... la sirena:
1317 y lucida ...
1320 alma de oro en los ...
1322-23 Supe la ... / llegar la ... / llamé ...
1326-29 [Faltan.]
1330-32 Quisieran ... / mas ... hechicera / me la traspuso ...
1337 que era ... cerca.
1340 ... agora
1347 ... Ansí ...
1349-50 ... ¡Noble ... / Dejadme ...
1359 sino mi persona y ...
1361-63 a ... / ... los ... / en letras, o a ...
1367 que ...
1372 ... güésped ...
1376-77 Morirás ... / Morirás ...
1379 ... ansí ...
1381+ *Vanse todos. Entra Dorista y Clavela.*
1383 ... desto ...
1387 ... agora ...
1389 *Dorista.* ¿Descuido? ¡Bien ...
1393 ... Al hombre ...
1395 ... es frenesí y ...
1396-97 ... en hombre ... / en ...
1401-3 ... ¡Tararara! / ... o cadena / o ...
1407 así infamas tu ...
1409 ... riñendo agora?
1412 ... remedio ...
1414 Que es estranjero y ausente.
1417 ... conviniente.
1422-25 Soy maestra enjerta en bruja. / Pues que hay cierta confección, / o yerba pie de león, / no temas seda y ...
1430 ... supiera yo ...
1433 Velle, adoralle ...
1438 ... eso es ...
1440-41 ... haré un jardín en ... / de berros en una ...
1450 ¿Sin ellos no? Ciencia escasa.
1452 ... noche viniera
1453+ *Entra un Paje.*
1454 ... llegó agora
1457 [Falta.]
1461 *Clavela.* Calla, no muevas el labio.
1461+ *Entran Teodoro, Octavio, Feliciano y Tristán.*
1462+ *Feliciano.* (¿Qué es lo que mis ojos ven?)
1463 ¡Oh, mi señor! *Octavio.* ¡Oh, mi bien!
1464 [Falta.]
1465 [*Octavio.*] ¿Que ésta fue infame y liviana?)
1471 ... unos ...
1475 (¡Ah, ...
1482 y por quitalle ...
1483+ *Aparte.*

1489   ... prender.)
1495-97 porque es este vulgar / solo me pudo burlar / mujer.
Octavio. ¿Qué dices? *Feliciano.* Que esperes.
1500   ... encubrillo ...
1508-9 porque como dél a mí / ... mandéis ...
1513   y desta casa ...
1516-17 ... esto, ... / puedo andar de ...
1520+   *Sale Dorista.*
1521   *Dorista.* ¡Oh, y como español astuto!
1524-25 [*Habla Tristán en segundo lugar.*]
1530-31 Aqueste nombre ... / aquella que me ...
1536-38 ... invención / con el ... / ¿Quién duda? Porque una ...
1544   La dama ...
1546   Vamos y os la engañará [*error por* «enseñaré»].
1551   ... quedá ...
1554-57 [*Faltan.*]
1558   (¡Qué bien negocia Tristán!)
1559   ... dices ...
1561+   *Vanse, y quedan las dos solas.*
1563   ¡Ah, ...
1567   ¿Quién a contárselo ...
1574-75 Y plegue ... / ... enseñen ...
1578   Dalle ...
1580-82 *Clavela.* De tanta desdicha en ... / ¿qué remedio he de
poner? / Pero con todo confío
1585+   *Entran Filiberto y Leonardo.*
1588-90 [*Habla Filiberto.*]
1592   ... ansí? *Filiberto.* Los ...
1593   ... agora ...
1596   ... negocio tan ...
1600   que lo ...
1602-13 [*Faltan.*]
1614-15 ... mi disculpa ... / tu ...
1620   ... esposo, ya ...
1626   ... presencia ...
1632   Adoro tu ...
1638   [*Hablan Leonardo y Filiberto.*]
1639   Y que ...
1645   *Filiberto.* ¿A qué ha ...
1648-50 ... ¿Y el casamiento? / ¿Estás ... / ... patria ansí?
1657-58 o sea justo o injusto. / ... podrás ...
1659-60 ... a un español hablado / para aquesto concertado.
1662-77 [*Faltan.*]
1678-79 ... hazle dar ... / para que luego se ...
1680-81 Confiado en ... / iré yo propio a buscallo.
1681+   *Vase.*
1682-85 [*Faltan.*]
1687   ... ¡Ah ...
1689   ¡Ay, quién servirte pudiese!
1691   ... invidia ...
1693   ... hablar?
1700   ... engendrará ...
1703   ... dalle [a] ...

1705-6 ... un ... / ... aguárdame ...
1708 le ...
1708+ *Vase Clavela.*
1712-13 ¿Cómo matar? ... / ... invidia de aquel ...
1715 Y yo pienso, hasta hallalle,
1718 Mas, ¿de ...
1719-20 [*Están trocados.*]
1720 ... dice ...
1722 que todo aquesto ...
1723+ *Aparte.* [*Debiera aparecer después de 1720.*]
1729+ *Sale Clavela con la carta.*
1730-31 ... la ... / ... Madrid ...
1733 en este punto ...
1736-37 ... (¡Y qué ... / ... Esto ...
1738 [*Falta* Voy.]
1739+ *Vase.*
1740-41 ... engañé a ... / Ven ...
1741+ *Vanse. Entran Teodoro y Octavio.*
1744 ... pagaros ...
1747 Con su firma se ...
1751-53 ... se vuelva a su tierra. / *Octavio.* Tal vez por honor
se yerra. / ¿Con sola firma le ...
1757 donde hacienda ...
1760 ... quererlo ...
1763 el español ...
1766-67 Que de ejemplo y experiencia / bien pudiera yo sacar
1769 sobre ...
1770-71 Callad, ... / y me toca ese ...
1775+ *Entran Feliciano y Tristán.*
1777 cuanto tratan ...
1787 de esta tu ingrata ...
1791 ... mostrar,
1793-94 ... aquel ... / ... duda dices verdad.
1799 hacia ...
1800+ *Sale Elisa, dama francesa.*
1808-9 ... tratan ... / que me fue fuerza volver.
1814 ... ese ...
1819 esa ...
1822 ... da el verla ...
1824-25 si es aquésta la ... / ... este ...
1829 ... es ella? ...
1833 ... volviera ...
1837 ... es ésa? ...
1839 ... plegue ...
1842-43 ¿Por qué? ... / mi hermana para ...
1845 ... tenéis ...
1847-48 ... ¡Suerte fiera! / ¡Ojalá mi hermana fuera!
1849 ... ¿Estás ...
1860 ... remediallo ...
1868-69 ... graznar / muere ...
1871 ... a este ...
1875-76 ... cualquier ... / Mandalde ...
1885 ... ansí.)

212

1887 ¡Ah … ansí …
1889-90 … Al … / … más claro es el …
1893+ *Entra Leonardo con la carta.*
1899 … hame …
1904 o …
1909 tristes …
1914 … que es el …
1916+ *Los dos aparte a leer la carta.* / CARTA
1921 … mi honra …
1926 … salva …
1934 Monsiur, …
1937+ *Vanse Leonardo y Feliciano y Tristán*
1941 tal bajeza …
1946-49 [*Faltan.*]
1950 ¿Qué es esto? …
1950-51 [*Están trocados los nombres de Octavio y Teodoro.*]
1956-57 … ¿Agora? *Teodoro*. Agora … / … yo pude …
1960 ¡Ah, mala lanzada …
1963 ser mi hermana. … tirana,
1965 … están los dos!)
1978 Mas no esperes …
1982 … ansí.
1985 ¡Tú, yerro, …
1989 … oyó ni vio.
1993 Casi …
1993+ *Vanse, y sale Feliciano.*
1997 por ver …
2000-1 por ver … su yelo … / … deseo.
2004 … cuesta …
2005+ *Entra Tristán.*
2009 … lo alto de esa …
2017 Ya viene, …
2017+ *Entre Clavela, de lacayuelo muy galán, con capote y cintas.*
2018 Ah, señor, ¿no nos …
2024+ *Echa mano a la daga.*
2029 Podré hasta …
2033 [*Habla Tristán.*]
2033+ *Salen Alberto, padre de Feliciano, y Liseno.*
2034 … te …
2036-41 Aquestas nuevas me dan. / No sé si mueren o viven.
2042-43 … muerto, sospecho. / ¿Viose …
2044 ¡Ah, …
2047-48 … ansí … / … ansí.
2054-55 Su … / … agora bien lo …
2057 que en …
2060-61 Si [l]e han cautivado, iría / a parar a Ingalaterra.
2066-67 Júzgale agora … / Pues ha …
2069-70 está … / Ya si …
2075-76 sino que … / … pueda …
2079 … que eso …
2084-87 Tu pensamiento es incierto, / por cierto que estás estraño. / No tengas desconfianza, / que ha de venir presto aquí.
2090+ *Entra Juana.*

213

2091-92 *Juana.* Un peregrino francés / te pide que algo le des
2094 ¿Francés? Pues di que entre ...
2097-98 sabré ... / Hermanos, ...
2098+ *Salgan Octavio y Teodoro.*
2110 Pero aquesta devoción
2114 ... los ...
2118 Sin falta ...
2123 Y os suplico la ...
2127-28 y el ser ... / a ofrecerla ...
2131 ... podamos ...
2141 ... agora ...
2146 Y ansí ...
2150-51 que el serlo ... / ... príncipe ...
2154 ... hidalgo, de ...
2157 el ...
2168-69 ... una traer ... / mi vida ...
2175 ... adonde ...
2177-78 ... o será ... / ¿Iba otro alguno con él?
2180 ¿Y dónde ... A la ...
2190 Sin falta, ...
2197 Porque es de ...
2208-9 ... Mas, ¿qué dudo ya? / Yo ...
2210-11 ¡Ah, ... / ... os ...
2213 al ...
2216 ... creo ...
2218 puesto que es ...
2220-21 ... firma es ... / y esta letra, ...
2224 y estas ...
2226 Mil escudos os ...
2228-29 que él lo escribió con su ... / y aquésta ...
2232-33 ... mi pecho, / que esta ...
2234+ *Entren Leonida y Juana, criada.*
2238-39 ... ¿Qué recelo? / ... a estos ...
2243 ... partió,
2245 ... a casa ...
2252-53 ... haya ... / ... esté ...
2255-57 [*Están trocados los nombres de Teodoro y Octavio a partir del v. 2256; el 2255 pertenece por entero a Teodoro.*]
2260 ... quisiera, ...
2262-73 [*Faltan.*]
2274-75 Pues no fuistes ... / y no ...
2278 ... habemos dado,
2281 El traje nos lo ha ...
2286 ... os la ...
2288 ... de qué os sirváis, ...
2291-92 sin otra ... / ... deste ...
2296 Y pues ya mi fortuna, ...
2298 ... venturas ha criado,
2303 ... pudiera ...
2306 y en ...
2310-12 ... hoy los dos quedamos desposados. / ... pedirla ... / con ...
2315-17 ... amalla / lo que he ... mis ... / ... el casalla,

214

2319-20   ... dalla. / Para que mi ...
2322-23   el ser ... / Lo que vos me decís, lo que habéis hecho,
2325   ... brazo ...
2332   Entraos ...
2335   ... eres cuerdo, ...
2337   ... el antídoto ...
2341   Y haráslo, mi Leonida, desta ...
2343   ... *Liseno.* (Y yo ...
2344-45   ... señor Liseno. *Liseno.* (¡Ay, triste suerte!) / Entrad, ...
veis, ...
2345+   *Vase.*
2346   (Muy bien se ha hecho. ...
2348   ... pedilla ...
2351-52   que en ... / ¡Ah, ...
2353-59   ... pues que su sangre desconoce, / y lleva tan fingido
pensamiento, / para que su cudicia se ... / ... ir a la ... y decir presto / que espías son, y que los tiene en casa / por cien doblones
que le dan por esto. / Disculparáme Amor, si Amor me abrasa.
2359+   *Vase, y entra Feliciano y Tristán y Clavela, de lacayuelo.*
2362-63   [*Habla Feliciano a partir de* «¡Oh ...»]
2364   ... venturosas ...
2367   ¿callas, Tristán? ¿Callar ...
2367+   *Tristán.* Quiero tornar a besarte / y al Cielo mil gracias
dar. / Por acá quiero besar, / mal huele por esta parte. / *Feliciano.*
¿Qué es eso, Tristán? *Tristán.* No sé, / olor es, y no ámbar gris. /
Besé al uso de París. / ¡Oh, falsa paz! *Feliciano.* Guerra fue.
2368-69   ... que tantos ... / permitistes ...
2370-71   ... rechinasen / porque de casa ...
2379+   Bodegones donde vía / tierna vaca y ensalada / que con
cebolla picada / verde jardín parecía. / ¿Vive Crivas, que estoy loco / de ver que me acerco a veros, / brindis vestido y en cueros! /
Clavela. Vete, Tristán, poco a poco.
2385-86   ¿No es Madrid bello lugar? / *Clavela.* No ...
2388-95   [*Faltan.*]
2396   ... donde ...
2400-2   ... la ... / ... los ... / Tristán, ¿oyes? ...
2403   ... ¡Ay, ...
2405   Si te acordara ...
2408   Si fregare en vos, cocina,
2413   ... el ...
2419+   *Entre Juana.*
2422   ... Yo soy ...
2425-26   ... *Julia.* Yo me ... / ¡Qué ...
2428-29   ... oscura? ... / ... abrazar.
2431   ¿Besóla? ...
2431+   La paz de Francia le dio, / pensando que era mancebo, /
Picó mi Julia en el cebo: / lo estranjero la engañó.
2432   ¡Ah, ...
2434   ... ansí.
2437   ... saliendo ...
2440-42   ... mujer, ausente ... / ... sea serafín, / que dél se le dé ...
2445-47   ... amo ... / ...a quien ... / ... que me ha pegado ...
2447+   *Sale Clavela, alterada.*

215

2448-51 [*Faltan.*]
2455 y el mayor mal. *Feliciano*. Dinos ...
2459 ... qué diga. *Feliciano*. Ni yo.
2462 ... pues, ...
2481 que en ...
2484-85 ... ti. / Y ... y han ...
2491-92 ... ellos quisieran.— / ... ¿me iré o ...
2495 ya en ...
2499 [*Habla Tristán.*]
2499+ *Entranse, y salen dos Alguaciles y un Escribano.*
2500-1 Hame ... / ... firma y nombre ...
2502-18 [*Se atribuyen estos versos a personajes distintos; en orden de aparición, hablan:* Escribano (v. 2502), Alguacil 2.º (2503-4),
Escribano (2505), Alguacil 1.º (2506-8), Escribano (2509-11), Alguacil 1.º
(2512), Alguacil 2.º (2513), Escribano (2514-16), Alguacil 2.º (2516-17),
Escribano (2518).]
2502 ... se recogen?
2504-5 ni aun orden ... / Y en ...
2507 hallaréis ... prendas
2510 ¿Eso ... por ...
2512+ *Vase.*
2514 ... la mano nos viniese
2516-17 ... Bueno, / quien esto ...
2518-19 Entrad, que me parece que hay ruido, / y en sí importará
vuestra persona.
2519+ *Salen los Peregrinos, Feliciano y Alberto.*
2521 sabiendo ...
2524 ... es un ...
2526 [*Falta.*]
2532-33 ... padre irá mañana, ... / adonde vuestra ...
2534-35 ... ansí ... / ... aquésta!
2537-38 ... *Alguacil 1.º* Caminen, ... / y no me se descuide hasta ...
2538+ *Llévanlos.*
2540 ¿Que al fin ...
2543 ... escudos ...
2549-50 ... vengar / ... ofensa ...
2553-55 Dime si casarla es bien, / y darle a tu ... puedo. / ... eso ...
2556+ *Entra Clavela.*
2557 ... nueso amo! *Alberto*. ¿Qué ...
2559 Si a éstos ...
2569 ¡Gran ...
2573+ *A sus pies.*
2575-76 ... ansí. ... / ... Yo me ...
2576+ *Sale Leonida.*
2577 ... vuestro amigo soy.
2582 ... ansí.
2585+ *Vase.*
2587 ... gracia ...
2592 Pues un muchacho ...
2594 después que mi paz le di?)
2599-2600 ... guerra está escusada / la voluntad, porque ...
2603 Ésa no es ...
2605-6 y en ... / ... se disculpa ...

216

2607 ... eres ...
2615 Mucho ...
2617 ... yo me aparte ...
2621-22 ... invierno ... / ... acuesto ... sus ...
2626 ya me entiendes, muchas veces.
2631-34 [*Faltan.*]
2636 y este ...
2642-46 ... hay, si es ... / Y aun temo que le hay en mí, / más que espíritu, testigo / de que soy tu fiel amigo. / *Feliciano.* ¿Sábeslo de cierto? *Clavela.* Sí.
2648-50 Tú, Leonida, haz de manera / que conmigo duerma. *Leonida.* Espera. / ¿Qué diferencia ha de haber?
2651-52 ... es tanta ... / habiendo camas en ...
2654-55 Una para dos ... / *Feliciano.* Pedro, venme ...
2658-60 ¡Por ... / Ven acá. ¿Tienes ... / de casarte? ...
2665-66 El que ... / ... podréis.
2667-70 [*Faltan.*]
2672-73 Y os ... / ... sirena ...
2675-76 *Leonida.* ¿Búrlaste, por vida mía? / No hagas donaire de mí.
2676+ *Sale Julia.*
2678 ... decía
2680+ *Vase.*
2682 ¡Ay, mi Pedro! *Julia.* ¿Qué hay, ...
2686 Tú serás, Julia, mi ...
2690-91 ¡Oh, quién pudiera ... / que le ...
2697 ... gracia ...
2697+ *Sale Tristán, lacayo.*
2700 pero ...
2702-3 mil paces ... / (Buena está ...
2705 *Julia.* Visto ... han. ...
2708-10 *Clavela.* ¿La ... / *Julia.* ¿Han visto cómo me arroja? / *Clavela.* ¿Y mi amo? *Tristán.* Está en ...
2712-13 ¿Pésate? *Tristán.* Desto ... / Ya ...tú estás.
2714+ *Vanse, y entran Liseno, Rolando* [sic], *galanes.*
2715 ... se sintió ... ¿Y es ...
2719-20 [*Habla Rosardo.*]
2720 ... regalo para usar ...
2721 [*Habla Liseno.*]
2723 *Rosardo.* ... bisoño solo ...
2724-26 *Liseno.* Ser más no pudo la ... / ... / ... hacellos ...
2728-29 ... ese ... / dalle ... tu Leonida? *Liseno.* Cierto,
2731 [*Falta.*]
2732 ¡Y de ...
2739 [*Falta.*]
2740 ... intentallo? ...
2743 ... mi hacienda,
2747+ *Sale Alberto, viejo.*
2753 ...*Alberto.* Bien venido seas,
2758 *Liseno.* ¿Viene ... *Alberto.* Bueno es eso:
2768-69 ... de lo que muchos dicen / que será perdición tuya, si entregas
2770-71 ... es tu hija. / ... intenta la ...

2777   siendo el ...
2782   [*Aparece después del v. 2784.*]
2783   ... Alberto, buen ...
2784-85   ... noble: / ... bien nacido.
2787   ... puedes ...
2790-91   ... mancebo y ... / ... y tu vecino y conocido,
2792-93   que por tu hijo ... / y aun dice ...
2796-97   ... a vuestra ... / ... tendréis ...
2803   ... dado mi ...
2805-6   Desa ... manera lo ... / y permitan los Cielos.
2807   ¡Oh Liseno, Rosardo! *Rosardo.* ¡Feliciano!
2808-10   [*Habla Rosardo, no Liseno.*]
2811   *Liseno.* ¿No ... *Feliciano.* Sí quisiera,
2814-15   que quede ... / iréis oyendo ...
2816-17   ... por si ... / enviad un recado ...
2819   [*Habla Rosardo.*]
2819+   *Vanse los tres. Queda Alberto solo.*
2822   ... han ...
2824-25   que se determinó mi pensamiento / de darle mi Leonida
en casamiento.
2825+   *Entra Juana, alborotada.*
2827   ¿A qué efeto? *Juana.* En ...
· 2829-30   *Alberto.* Satisfación, Juana, tengo. / *Juana.* Aunque el
decillo ...
2831   No te turbes. ...
2833-34   ... abrazando ... / ... ¿Qué aguardo?
2835-36   ... rapaz ... / ¡Mataréla! ...
2837   *Juana.* Esto es sin duda. *Alberto.* ¡Oh, bastardo!
2837+   *Vase Alberto.*
2842-43   Que ... te hayas ... / con ...
2845+   *Alberto dice dentro.*
2846   [*Habla Alberto.*]
2849+   *Anda el viejo Alberto con una daga desnuda tras ella, y
ella huye.*
2853   ¿A mí ... ansí?
2854   Hante de oir ...
2856-58   ¿Queréis ... / *Tristán.* ¡Ay, muerto soy! *Alberto.* ¡Desatinos! / ... diera!
2860   En su tierra lo ...
2863   ¿Está ...
2865   pringado ... habéis ...
2868   ... aunque Perote respinga,
2878-80   O sea o no sea ansí, /dame una ... / *Tristán.* ¡Oh, ...
2884   ... sepa ...
2886   Mujer es, y es mía, que ...
2888   ¡Ah Tristán! Yo te ...
2890   Que no. Venga ya el ...
2896-97   y trataré ... / esta noche. *Alberto.* ¡Ay, prenda amada!
2903-5   ... agora claro ... / ... señor, porque ... / ... hablalla agora ...
2911   ... esta ...
2914-15   ... que lo viera / si los calzones bajara?
2924   ... dice ...
2927-28   y ... / ... ansí.

2928+ *Entre[n] los tres y los dos franceses.*
2929-30 Señor, ... / yo de ... soy ...
2933 ese ...
2936-37 [*Habla Rosardo.*]
2936 ... ansí,
2942 Vámonos. *Liseno.* Pues que ya ...
2945+ *Vanse Liseno y Rosardo.*
2946 ... noche ...
2948 [*Habla Rosardo.*]
2949+ *Vanse los dos.*
2955 ... aquel ...
2965+ *Echan mano a los bordones, y sacan dellos espadas.*
2968-70 que ni yo a ... / ni fui autor de su ... / ¿Que no merece ...
2972 ni ...
2976 ... trujistes ...
2985 ... e ...
2988 Gente suena. ...
2991-92 ... el ser ... / porque ... donde ...
2994-95 Tiraréle ... / ... aquella ...
2996-97 *Feliciano.* Y yo, ... / ... o ...
2998 *Teodoro.* ... engañado,
3001 ... determinado.
3001+ *Vanse los dos Peregrinos. Sale Tristán.*
3013 ¿puedo ...
3016 ... por Dios que ...
3021-22 no le quitaba ... / ... obligar
3027+ [después de «Presto»]. *Vase Tristán. Salen Alberto y los
Peregrinos hablando.*
3029-30 ... remediallo ... / ... ansí.—
3031+ *Vale a dar.*
3039-41 [*Están trocados los nombres de Octavio y Teodoro.*]
3047+ *Va por ella Alberto.*
3049 Echarme quiero ...
3051 ... que yo quiero y ...
3051+ *Sale Alberto, Clavela de mujer y Leonida, bien puestas.
Juana y Tristán.*
3058 ... esposa. [*Alberto.*] Dama ...
3060 ... éste ...
3062 Dame ...
3077 dar fin a ...

INDICE BIBLIOGRAFICO
Y DE ABREVIATURAS

ADVERTENCIA

Por lo regular, se remite a ediciones y artículos determinados únicamente cuando hay citas directas de ellos. Cuando no se especifica lugar de imprenta, súplase Madrid. Las obras de Lope aparecen al final. Los números remiten a versos y a notas.

Ac.: Obras de Lope de Vega, ed. Real Academia Española, 15 vols., 1890-1913.
Ac. N.: Obras de Lope de Vega, nueva edición, ed. Real Academia Española, 13 vols., 1916-30.
Alciato, Andrea: *De magistratibus, civilisbusque et militaribus officijs.* 368-69.
 Emblemata, cum commentariis Claudii Minois I. C. Francisci Sanctii Brocensis, & notis Laurentii Pignorii Patavini, Padua, 1621. 617, 625, 1095.
 Tractatus universi iuris. 368-69.
Alemán, Mateo: *Guzmán de Alfarache,* ed. Francisco Rico, en *La novela picaresca española,* I, Barcelona, 1967. 10-12, 107-8, 617, 1080-81.
Apuleyo, Lucio: *El asno de oro,* ed. Marcelino Menéndez y Pelayo, *NBAE,* XXI. 1054-63.
Arco y Garay, Ricardo del: *La sociedad española en las obras dramáticas de Lope de Vega,* 1942. 207, 334, 343-45, 344, 362-65, 397, 842-43, 881, 1985-89, 2838-39.
Armistead, Samuel G., y Joseph H. Silverman: *Folk Literature of the Sephardic Jews,* I, Berkeley-Los Angeles-Londres, 1971. 1048-49.
Autoridades: Diccionario de la lengua castellana ... compuesto por La Real Academia Española, 6 vols., 1726-39 [*Diccionario de Autoridades*]. 52, 153, 222, 322, 393, 841, 895, 994, 1004, 1159, 1160, 1174, 1263, 1306-9, 1314-15, 1732, 1733, 2160, 2370, 2464, 2644-46, 2695, 2745.

221

BAAL: Boletín de la Academia Argentina de Letras.

BAE: Biblioteca de Autores Españoles.

Barrau, Henriette Catharina: ed. *Los melindres de Belisa* de Lope, Amsterdam, 1933. 862-71.

BCom: Bulletin of the Comediantes.

Bédier, Joseph: *Les Légendes Épiques*, 3.ª ed., 4 vols., París, 1926-29. 2112-15.

Bello, Andrés, y Rufino José Cuervo: *Gramática de la lengua castellana*, ed. Niceto Alcalá-Zamora y Torres, Buenos Aires, 1952. 1903, 2296-97.

Bernis, Carmen: *Indumentaria española en tiempos de Carlos V*, 1962. 203, 208-9, 900, 2017+.

BHi: Bulletin Hispanique.

Sagrada Biblia, trad. Eloíno Nácar Fuster y Alberto Colunga, 1973. 290-301, 604-5, 658, 1476-77, 2138-40, 2142, 2240-41.

Boecio: *La consolación de la filosofía*. 1058-59.

Bravo-Villasante, Carmen: «Un debate amoroso: *Amar sin saber a quién*», *RL*, VII (1955),193-99. 2312-16.

Ed. *Amar sin saber a quién* de Lope, Salamanca, 1967. 2312-16.

Brooks, John: ed. *El mayor imposible* de Lope, Tucson, 1934. 165, 257-58, 1985-89, 2341.

Bullough, Geoffrey: *Narrative and Dramatic Sources of Shakespeare*, II, Londres-Nueva York, 1958. 744-45.

Calderón de la Barca, Pedro: *Obras completas*, ed. Angel Valbuena Briones, vols. I (1969) y II (1960). 188-309, 384-85, 410, 582-93, 604-5, 791, 904, 921, 1048-49, 1080-81, 1434-35, 1972, 1985-89, 2341, 2418, 2472, 2564, 2601-2, 2623, 2838-39.

Castro, Américo: *El pensamiento de Cervantes*, 2.ª ed., Barcelona, 1972. 2472.

Ed. *El buscón* de Quevedo, Clás. Cast., 1965. 262-63.

Cervantes Saavedra, Miguel de: *El casamiento engañoso y El coloquio de los perros,* ed. Agustín G. de Amezúa y Mayo, 1912. 1451-53.

Don Quijote de la Mancha, ed. Francisco Rodríguez Marín, 10 vols., 1947-49. 115-16, 272, 463-64, 617, 658, 665, 921, 968, 972-73, 1404, 2032, 2601-2, 2720, 2978.

La Galatea, ed. Juan Bautista Avalle-Arce, Clás. Cast., 2 vols., 1961. 10-12, 1182.

Novelas ejemplares, ed. F. Rodríguez Marín, Clás. Cast., 2 vols., 1917. 837+.

Obras completas, ed. Angel Valbuena Prat, 1962. 86-88.

Viaje del Parnaso, ed. F. Rodríguez Marín, 1935. 904.

Clás. Cast.: Clásicos Castellanos.

Clemencín, Diego: ed. *Don Quijote de la Mancha,* s. f. [¿1948?]. 630.

Comparetti, D.: *Vergil in the Middle Ages,* Londres, 1895. 1434-35.

Correas, Gonzalo: *Vocabulario de refranes y frases proverbiales,* 1924. 1418.

Cossío, José María de: *Fábulas mitológicas en España,* 1952. 1058-59.

Covarrubias, Sebastián de: *Emblemas morales,* 1610. 1080-81.

Tesoro de la lengua castellana o española, con adiciones de Benito Remigio Noydens, ed. Martín de Riquer, Barcelona, 1943. 36, 262-63, 280-81, 293, 318, 570-71, 1116-17, 1173, 1181, 1395, 1434-35, 1440-41, 1743, 1750, 1985-89, 2072, 2254, 2341, 2418, 2419, 2557, 2644-46.

Curtius, Ernst Robert: *Literatura europea y Edad Media latina,* trad.
  Margit Frenk Alatorre y Antonio Alatorre, 2 vols., México, 1955. 334.
Deleito y Piñuela, José: *Sólo Madrid es corte,* 1942. 344, 881, 882, 2376.
Denis, Serge: *Lexique du théâtre de J. R. de Alarcón,* París, 1943. 4.
Dixon, Victor: ed. *El sufrimiento premiado* (¿de Lope?), Londres,
  1967. 862-71.
Eliano: *Sobre la naturaleza de los animales.* 1095.
Eurípides: *Hipólito.* 1476-77.
Ferguson, George: *Signs and Symbols in Christian Art,* Nueva York,
  1972. 1272-74.
Fichter, William L.: ed. *El castigo del discreto* de Lope, Nueva York,
  1925. 165, 272, 391-401, 736-37, 744-45, 754-57, 978-79, 2028, 2274-77,
  2293, 2334, 2838-39, 2898.
  Ed. *El sembrar en buena tierra* de Lope, Nueva York-Londres,
  1944. 137, 169, 208-9, 324-30, 334, 837+, 882, 939-41, 1085, 1907, 2621-32.
Fil: Filología.
Fontecha, Carmen: *Glosario de voces comentadas en ediciones de tex-*
  tos clásicos, 1941. 2412, 2589, 2629.
Frazer, James G.: *Folk-Lore in the Old Testament,* Nueva York, 1923.
  1434-35.
Garasa, Delfín Leocadio: «Circe en la literatura española del Siglo
  de Oro», *BAAL,* XXIX (1964), 227-71. 93-94.
García Morales, Justo: ed. *El príncipe inocente* de Lope, 1964. 3079+.
Garcilaso de la Vega: *Poesías.* 431-56.
Gillet, Joseph E.: *Propalladia and Other Works of Bartolomé de To-*
  rres Naharro, vol. III (Notas), Bryn Mawr, 1951. 280-81, 489, 528-29,
  850, 887, 907-8, 996-97, 1249, 1410-11, 1418, 1451-53, 1897, 2298, 2324,
  2338, 2414, 2442, 2868.
  «*Senor* 'señor'», *NRFH,* III (1949), 264-67. 144.
Gómez Ocerín, J., y R. M. Tenreiro: ed. *El mejor alcalde, el rey* de
  Lope, Clás. Cast., 1920. 2978.
Góngora, Luis de: *Sonetos completos,* 1969. 431-56.
Green, Otis H.: «On the Attitude toward the *vulgo* in the Spanish
  Siglo de Oro», *SR,* IV (1957), 190-200. 769.
Guevara, fray Antonio de: *Menosprecio de corte y alabanza de aldea,*
  Clás. Cast., 1928. 95-124, 1048-49.
Gutiérrez, Asensio: *La France et les Français dans la littérature es-*
  pagnole: Un aspect de la xenophobie en Espagne (1598-1665), Saint
  Etienne, 1977. 2127.
Hamilton, T. Earle: «Spoken Letters in the *comedias* of Alarcón,
  Tirso, and Lope», *PMLA,* LXII (1947), 62-75. 137.
Herrero García, Miguel: *Ideas de los españoles del siglo XVII,* 1966.
  907-8, 1257, 1728, 2780-81.
  Madrid en el teatro, 1963. 366.
  La vida española del siglo XVII, I, 1933. 842-43, 854-55.
Hill, John M., y Mabel M. Harlan: ed. *Cuatro comedias,* Nueva York,
  1941. 215, 2334, 2616.
Hoge, Henry W.: ed. *El príncipe despeñado* de Lope, Bloomington,
  1955. 762.
Homero: *Odisea.* 1052-53, 2032.
HR: Hispanic Review.
Keniston, Hayward: *The Syntax of Castilian Prose. The Sixteenth*
  Century, Chicago, 1937. 61, 181, 762, 1285-86, 2296-97.

Laguna, Dr. Andrés de: ed. *Pedacio Dioscórides Anazarbeo*, 2 vols., 1733. 1085.

León Hebreo: *Diálogos de amor*, ed. Marcelino Menéndez y Pelayo, *NBAE*, IV. 10-12, 617, 2472, 2844-45.

Martínez Kleiser, Luis: *Refranero general ideológico español*, 1953. 32, 443, 662-63, 1048-49, 1080-81, 1162, 1412, 1868-69, 1985-89, 2334, 3018-21.

Mignault, Claude, y Francisco Sánchez y Lorenzo Pignoria: ed. *Emblemata* de Andrea Alciato, Padua, 1621. 617, 625, 1095.

MLN: Modern Language Notes.

Montemayor, Jorge de: *La Diana*, ed. Clás Cast., 1954. 1048-49, 2844-45.

Morby, Edwin S.: ed. *La Dorotea* de Lope, 2.ª ed., 1968. 88, 207, 341, 617, 662-63, 862-71, 1074-77, 1175-80, 2439, 2749, 2838-39.

Moreto y Cabaña, Agustín: *El desdén, con el desdén*. 582-93.

Morley, S. Griswold: «Pozos de nieve», *MLN*, LVII (1942), 541-46. 854-55.

Morley, S. Griswold, y Courtney Bruerton: *Cronología de las comedias de Lope de Vega*, 2.ª ed., 1968. 1130-84.

NBAE: Nueva Biblioteca de Autores Españoles.

NRFH: Nueva Revista de Filología Hispánica.

Ovidio: *Amores*. 2616.

    Ars amatoria. 2616.

    Metamorfosis. 1058-59, 1180-81.

Panofsky, Erwin: *Studies in Iconology*, Nueva York, 1967. 443, 2844-45.

Parker, Alexander A.: «The Spanish Drama of the Golden Age: A Method of Analysis and Interpretation», en *The Great Playwrights*, ed. Eric Bentley (Garden City, 1970), I, 679-707. 2218-19.

Pavia, Mario: *Drama of the Siglo de Oro: A Study of Magic, Witchcraft, and Other Occult Beliefs*, Nueva York, 1959. 1434-35.

Pebworth, Ted-Larry: «The Net for the Soul: A Renaissance Conceit and the Song of Songs», *Romance Notes*, XIII (1971), 159-64. 606.

Petrarca, Francesco: *Le rime*. 606, 724-25, 736-37, 921, 2898.

Phillips, Roy Cleveland: «Critical Edition of *La francesilla*, a Drama by Lope de Vega», tesis doctoral inédita, Universidad de Wisconsin, 1924. 1005.

Plinio: *Historia natural*. 570-71, 2050-51.

PMLA: Publications of the Modern Language Association of America.

Poesse, Walter: *The Internal Line-Structure of Thirty Autograph Plays of Lope de Vega*, Bloomington, 1949. 119, 774, 1440, 2055.

Quevedo Villegas, Francisco de: *El buscón*, ed. Domingo Ynduráin, Letras Hispánicas, 1980. 107-8, 1080-81.

    Obras completas, ed. José Manuel Blecua, I, Barcelona, 1968. 724-25.

Reichenberger, Arnold G.: ed. *Carlos V en Francia* de Lope, Filadelfia, 1962. 144, 341, 1253, 1676.

RFE: Revista de Filología Española.

Rico, Francisco: ed. *La novela picaresca española*, I, Barcelona, 1967. 984, 1048-49, 1440-41, 2298, 2695, 2865.

    Ed. *El caballero de Olmedo* de Lope, 1968. 130, 436, 511.

RL: Revista de Literatura.

Rodríguez Marín, Francisco: *Cantos populares españoles*, 5 vols., Sevilla, 1882-83. 1048-49.

Ed. *Don Quijote de la Mancha*, 10 vols., 1947-49. 516, 658, 665, 890, 978-79, 990, 1136, 1206, 1574, 1750, 1881, 2435, 2442, 2601-2, 2978, 3078.

Ed. *La gatomaquia* de Lope, 1935. 102, 625.

Ed. *Novelas ejemplares* de Cervantes, Clás. Cast., 2 vols., 1917. 207, 837+.

Ed. *Rinconete y Cortadillo* de Cervantes, Sevilla, 1905, 2644-46.

Rojas, Fernando de: *La Celestina*, ed. Julio Cejador y Frauca, Clás. Cast., 2 vols., 1955. 356-57, 431-56, 630, 748-49, 1415-25, 1418, 1422, 1447-49.

Ruiz de Alarcón, Juan: *Obras completas*, ed. Agustín Millares Carlo, 3 vols., México, 1957-68. 426-28, 2658.

Salembien, L.: «Le vocabulaire de Lope de Vega», *BHi*, XXXIV (1932), 97-127. 528-29.

Schevill, Rodolfo, y Adolfo Bonilla: ed. *Comedias y entremeses* de Cervantes, 5 vols., 1915-20. 362-65.

Séneca: *Epístolas a Lucilio*. 32.
Fedra. 1476-77.

Shakespeare, William: *The Merchant of Venice*. 426-28.
Love's Labour's Lost. 2418.

Silvestre, Gregorio: *Poesía*, Granada, 1582. 617.

Spitzer, Leo: *Lingüística e historia literaria*, 1968. 342-45.

SR: Studies in the Renaissance.

Thompson, Stith: *Motif-Index of Folk-Literature*, 6 vols., Bloomington, 1955-58. 1434-35, 2312-16, 3018-21.

Tirso de Molina (Gabriel Téllez): *El burlador de Sevilla*, en *Cuatro comedias*, ed. John M. Hill y Mabel M. Harlan, Nueva York, 1941. 582-93, 2218-19, 2607-8.

Vélez de Guevara, Luis: *El diablo cojuelo*. 1434-35.

Virgilio: *Eneida*. 862-71.

Wilson, William E.: «*Bigoteras* and the Date of Lope's *El cuerdo en su casa*», *BCom*, VII (1955), 29-31. 103.

Vega Carpio, Lope Félix de: *El acero de Madrid*, Ac. N., XI. 444-45.
Amar sin saber a quién, ed. Milton A. Buchanan y Bernard Franzen-Swedelius, Nueva York, 1923. 791, 1198-99, 2341.
Los amores de Albanio y Ismenia, Ac. N., I. 665.
La Arcadia, ed. Edwin S. Morby, 1975. 2780-81.
El bastardo Mudarra, ed. S. Griswold Morley, 1935. 2623.
Las bizarrías de Belisa. 426-28.
La buena guarda, Ac., V. 842-43.
El caballero de Olmedo, ed. Francisco Rico, 1968. 431-56.
El caballero del milagro, Ac. N., IV. 841.
La campana de Aragón, Ac., VIII. 1434-35.
El castigo sin venganza, ed. A. David Kossoff, 1970. 374-75.
La corona merecida, ed. José F. Montesinos, 1923. 2274-77.
La dama boba, ed. Alonso Zamora Vicente, Clás. Cast., 1963. 10-12.
Del mal, lo menos, Ac. N., IV. 2780-81.
El desdén vengado, ed. Mabel M. Harlan, Nueva York, 1930. 662-63.
La discreta enamorada, Ac., XIV. 470-73, 1764.
La Dorotea, ed. Edwin S. Morby, 2.ª ed., 1968. 662-63, 2616.
Epistolario, ed. Agustín G. de Amezúa, 4 vols., 1935-43. 374-75.
Las ferias de Madrid, ed. Manuel y Marilyn Ruiz-Ascarza y Donald McGrady (en prensa). 107-8, 324-30, 374-75, 791, 984, 1985-89, 2418.

Fuenteovejuna, ed. Francisco López Estrada, 1969. 10-12, 582-93, 3070.
Lo cierto por lo dudoso, Ac., IX. 926.
El maestro de danzar, Ac. N., XII. 926.
El mejor alcalde, el rey, ed. J. Gómez Ocerín y R. M. Tenreiro, Clás. Cast., 1967. 932-33, 948-50.
Los melindres de Belisa, ed. Henriette Catharina Barrau, Amsterdam, 1933. 2601-2, 3070.
La moza de cántaro. 426-28.
La noche de San Juan, Ac. N., VIII. 459-62, 478-81.
Obras poéticas, ed. José Manuel Blecua, I, Barcelona, 1969. 2064.
Obras son amores. 662-63.
Las pérdidas del que juega (¿Lope?), Ac. N., VIII. 32.
Peribáñez y el Comendador de Ocaña, ed. Alonso Zamora Vicente, Clás. Cast., 1963. 405, 665, 921.
El perro del hortelano, ed. A. David Kossoff, 1970. 2418, 2607-8.
El Perseo, Ac., VI. 1434-35.
El príncipe despeñado, ed. Henry W. Hoge, Bloomington, 1955. 4, 791.
El príncipe perfecto, II, Ac., X. 2601-2.
La serrana de Tormes, Ac. N., IX. 107-8.
El trato de la corte y ferias de Madrid (cf. *Las ferias de Madrid*).
La villana de Getafe, Ac. N., X. 2607-8.
El villano en su rincón, ed. Alonso Zamora Vicente, Clás. Cast., 1970. 2623.
La viuda valenciana, ed. José Luis Aguirre, 1967. 829.

226

INDICE DE NOTAS

(Los números remiten a los versos y a las notas correspondientes)

carne asada: erótico, 628-29; de cerdo, 841-42
«carne y pescado niega el médico», 1162
carnero: cornudo, 1057
carpe diem, 431-56
cartas: de pretendientes, 426-28; besarlas, 137, 1907
cas: casa, 318
casa de gusto, de moneda, 374-75
Celestina, La, 356-57, 431-56, 463-64, 630, 748-49, 1415-25, 1418, 1422, 1447-49
celos, 2838-39
César, 340, 1102-3
Cid: sus mocedades, 68
Circe, 94, 1052-53, 1058-59
ciudades, elogio de, 334
civérvadas, 1157
coleto, 203, 208-9
colgar: adornar, preparar, 2341
color: femenino, 240
color, ropas de, 215
comer: erótico, 1064, 2872
concordancia, falta de, 1051, 1285-86, 2296-97
Condestable de Castilla, 942-43
conjuros mágicos, 1447-49, 1451-53, 2439
Córdoba, 1136
cornudos, 1057, 1769, 1841, 1881
correr pasteles, 107-8
corte: censura de la, 95-124
cortesía: descortesía, 1491
cosa que, 1764, 2564
criados: se quejan de oficios, 983-85; besan cartas, 1907
ct: pronunciando *t,* 2106-9
cuadra, 2341
cualque, 908
cuatrín, 2442
cuentecillo intercalado, 3018-21
cuera, 209
cuernos, 1057, 1769, 1841, 1881
Cupido: ciego o vendado, 443, 589, 2844-45; niño, 576, 2844-45

cherriar: chirriar, 2370
China: Chimay (?), 119

«dar al tiempo lo suyo», 32
dar sangre, 926
delantera, 1841
-*des* (inflexión verbal arcaica), 1903
desamorado se enamora, 582-93
descanso en las armas, 2720
despernar, 2891
diamante: labrado por sangre, 570-71
Dido, 354

dos, más de, 2435
dueñas: terceras, 516

el ante *a* no acentuada, 2324
él: vos, 272
eléboro, 1084
elementos, cuatro, 585-87, 1601
elipsis, 1472, 2142
elogio de ciudades, 334
enamorarse de oídas, 2312-16
encabalgamiento, 1260-61
engañar con la verdad, 2621-32
engaño a los ojos, 2472
(Enrique IV de Francia, 83, 942-43)
ensayo: embuste, maldad, 2414
enumeración caótica, 343-89
erotismo de expresión, 263, 374, 375, 484-85, 620-21, 628-29, 644, 669, 1064, 1124, 1844-45, 2419, 2602, 2608, 2613-16, 2644-46, 2714, 2868, 2872-74
Escila, 1580-81
escudo, 288
esdrújulos, 1130-84
espada: fálica, 2601-2; no embotada por pluma, 2601-2
españoles: todos dicen ser caballeros, 996-97; valerosos, 1728; aprecian lo extranjero más que lo nacional, 2780-81
espejo mágico, 1434-35
esposo: prometido, 1192
estaciones, hacer para casarse, 470-73
estanterol, 393
estítico, 1425
estopa y fuego, 1410-11
estrellas: ojos, 444-45, 2898

fábula: hablilla, 2745
familiaridad quita el miedo, 3018-21
favores de dama: se ponían en el sombrero, 161-63
fecha de la acción, 119-20
Felipe II, 340, 341, 1270, 1272-73
Felipe III, 1271
(Fernández de Velasco, Juan, 942-43)
figón: figonero, 318
fimera, 1181, 1395
Fineo, 1117
Flandes, 119-20
franceses: alegres, 1257
Francia: guerras contra, 83, 119-20, 942-43, 1268, 2127; simpatía para, 2127; sus reyes curan lamparones, 262-63; *paz de,* 2589
(Francisco I, 852-53)
fregado, mujer de buen: deshonesta, 2419
fuego y estopa, 1410-11

mujer: desamorada, 582-93; sorprendida en amores, 744-45; mudable, 862-71, 1605, 1889; llamada *sol*, 921; se enamora de otra, 2658ss.
mujer de buen fregado, 2419

názula, 1166
neoplatonismo, 10-12
Nerón, 1102-3
nido, oler al, 88
nieve: para enfriar vino, 854-55
no redundante, 704
nobles que roban, 107-8
nobleza: se revela en apariencia y acciones, 791
nuesamo: nuestro amo, 2557

Ocasión, y su copete, 625
ojos: amor entra por ellos, 617; ojos parleros, 617; estrellas, 444-45,
2898; engaño a los ojos, 2472
«ojos, decídselo vos», 617
«ojos que nos vieron ir ...», 1048-49
oler al nido, 88
ollaza de arroz, 1005
ordinario: correo 1732
Ordóñez de Lara, Diego, 115-16
oro: todo lo vence, 1985-89
otro día, 1332

Pablo, San, sacristán de, 3018-21
palomas, palomos, palominos: símbolos del amor, 3070
parar, 2646
Pármeno, 357
paronomasia, 1990, 2350, 2360-61
Parsia, 1085
pasteles, correr, 107-8
paz de Francia: beso, 2589
pegar: parecer, 2447
Pelayo, San, 893
pena y gloria, 529
pensamiento loco, 541
Persépolis, 1072-73
peruétano, 1169
«pescado y carne niega el médico», 1162
«pescador con piel de cabra», 1095
pesias, 890, 1445
peregrinos, 2106-15.
picado, 2644
Pie de Gruta, 2107
Píramo, 1180
piratas, 2064
plega: plazca, 1574
pliego, 1733

233

234

ERRATAS Y CORRECCIONES

Página	Línea	Dice	Debe decir
42	19	Octavio	Otavio
44	36	la conversión	el anuncio de la conversión (aunque Enrique se convirtió en julio de 1593, esto sólo se hizo del dominio público el 24 de septiembre de 1595)
63	13	269 8,74	261 8,48
	17	48 1,56	56 1,8
	18	99,99	99,97
72	v. 69	virtuosos	virtüosos
	n. 83	protestante	ex-protestante
74	n. 119-20	de los actos I y II	del acto II
84	v. 324	Sí, que	Sí que
89	v. 435	cabello°	cabello
94	v. 568	jüez	jüez
108	nota	883-85	882-85
110	v. 929	yo, y	yo y
119	v. 1083	minado	mirado
	n. 1095	Referencias	Referencia
149	v. 1849	Calla	Callá
150	v. 1903	quisiérades	quisiéredes
154	v. 1996	enviado	envïado
164	v. 2217	su	tu
167	n. 2319	vv. 2365, 2905 y 2908	v. 2365
196	v. 3043	Entrá	Entra
203	vv. 73-78	que pasa	pasa
206	v. 756	[Debe leerse 755+]	
210	v. 1465	¿Que	(¿Que
214	v. 2317	... el casalla	... esto nos ... el casalla
215	v. 2431	¿Besóla? ...	¿Besóla? Clavela. Sí ...
218	v. 2854	Hante de oir ...	¿Han de oirte ...?

ADICIONES

(Insertar en la pág. 60, línea 9)

Miriam Ellis, en su edición de La francesilla (citada a continuación), págs. 10-11, registra otra edición por la viuda de Alonso Martín, fechada en Madrid, 1621. De esta edición Ellis recoge dos erratas y tres lecturas variantes; no especifica dónde se encuentra el ejemplar consultado.

(Insertar en la pág. 65, después de la descripción de la tesis de Phillips)

ELLIS, Miriam, "Lope de Vega's La francesilla: A Critical, Annotated Edition, Together with a Metric Translation of the Gálvez Manuscript", tesis doctoral inédita, University of California, Santa Cruz, 1979. Obra de escaso valor crítico, por interpretarlo todo desde la perspectiva de una entusiasmada feminista moderna. Abundan las erratas y los errores en la traducción y las notas, y sólo se acopia una fracción de las variantes. La anotación del texto, aunque fragmentaria, trae algunas observaciones valiosas; en las adiciones que siguen, hemos utilizado el material de Ellis para las notas a los vv. 31-32, 119-20, 268, 324, 566-77, 720-21, 847, 899, 929, 1031, 1211, 1316, 1601-13, 1820 y 2525.

Nota 31-32 Séneca dijo "Dar al tiempo lo que es suyo": Dicho
procedente de un cuentecillo del Galateo español (1593) de
Lucas Gracián Dantisco (amigo de Lope, que escribió un soneto
laudatorio para el Galateo). Cuenta Gracián Dantisco que Séneca usó la expresión para contestar a unos embajadores de Ro
que le preguntaron por qué—siendo tan sabio—estaba jugando
al peón con otros niños de su edad (ed. Margherita Morreale,
Madrid, 1968, pág. 106).

Nota 71 Sobre porque 'para que', cf. nota 181.

Nota 91-92 Cf. v. 128 y nota ("Adiciones").

Nota 119-20 (después de la línea 3): (Sobre la guerra de España
en Flandes, cf. Geoffrey Parker, The Army of Flanders and the
Spanish Road, 1567-1659 [Cambridge, 1972].)

Nota 124 Es corriente la expresión decir de sí o de no en el
Siglo de Oro; cf. V. Dixon, ed. El sufrimiento, 144,1634.

Nota 128 no es hombre el que está en su tierra: Compárese "No
es hombre quien de su tierra / no sale", Tirso, Ventura te dé
Dios, hijo, en Obras dramáticas completas, ed. Blanca de los
Ríos, 3 vols. (Madrid, 1946-58), I, 1659a. Cf. también "Huélgome infinito yo / de veros por esta tierra; / que el que en
la suya se encierra, / y nunca se divirtió / en las demás, no
merece / de discreto estimación" (Tirso, El amor médico, en
ibíd., II, 986b). Cf. también Cervantes, Novelas ejemplares,
II, 278-79, y nuestros vv. 91-92.

Nota 268 cédula de confesión: "se da en las parroquias por Pas-
cua de Flores al que comulga ... para que conste que ha cumpli
do el que la lleva con el precepto de la Iglesia" (Autoridades

Nota 324 Sobre este sí que enfático, cf. Marcel Bataillon, "Les
tours espagnols sí que ..., sí que no ..., sé que ...", en
Mélanges de Linguistique et de Littérature romanes offerts à
Mario Roques, II (París, 1953), 35-43.

Nota 516 Bibliografía adicional sobre las dueñas como terceras
en Arco, La sociedad, 586c, y "La dueña en la literatura española", RL, 3 (1953), 293-343 (esp. 304-25).

Nota 518 grande atrevimiento: El uso de la forma no apocopada
grande ante vocal es admitido como corriente por A. Bello y
R. J. Cuervo, Gramática de la lengua, § 157 (cf. también Keniston, Syntax, 25.288). Otros ejemplos en vv. 983 y 2577.

Nota 538 este vuestro atrevimiento: En el siglo XVI era corriente
la unión del adjetivo demostrativo con el posesivo; cf. Kenis
ton, Syntax, 19.43.

Nota 566-77 Sobre este tipo de versos correlativos, cf. Dámaso
Alonso, "La correlación poética en Lope de Vega (de la juventu
a la madurez)", RFE, 43 (1960), 355-98.

Nota 617 (después de "1582"): Lope vuelve a citar el verso de Silvestre en La cortesía de España, Ac.N., IV, 350d.

Nota 688 cualquiera castigo: La vacilación entre los adjetivos
cualquier y cualquiera existe no sólo en el siglo XVI (cf. Gillet, 76:34), sino hasta el día de hoy (cf. Bello-Cuervo, Gramá
tica, § 1070). Otro ejemplo en el v. 1756.

Nota 715 <u>ansina</u>: "Lo mismo que <u>así</u> ... Es voz baja y anticuada" (<u>Autoridades</u>). Aquí sirve para agregar otra sílaba al verso.

Nota 720-21 (agregar al final): Este refrán aparece en <u>La Celestina</u>, I, 126.

Nota 791 (añadir al final): —Nótese la falta de concordancia entre sujeto y verbo (<u>presencia</u> <u>y</u> <u>lengua</u> <u>muestra</u>), impuesta por la rima (otro ejemplo en el v. 1051).

Nota 847 (agregar al final): Un enclave francés en los Alpes desde 1548, Saluces fue ocupado en 1588 por el duque de Saboya, conquista reconocida por Enrique IV de Francia en el tratado de León, en 1601.

Nota 899 ¡Qué <u>dos</u> <u>mujeres</u> <u>se</u> <u>ofrecen</u>!: locución ambigua.

Nota 929 <u>y</u> <u>todo</u>: también (Rodríguez Marín, I, 232:14).

Nota 996-97 <u>todos</u> <u>los</u> <u>españoles</u> <u>decís</u> <u>ser</u> <u>caballeros</u>: Bibliografía adicional en Rico, ed. <u>Guzmán</u> <u>de</u> <u>Alfarache</u>, 670:15 (agréguese <u>Guzmán</u>, 439-40).

Nota 1005 Obsérvese que los moriscos comían mucho arroz, y esta comida se identificaba con ellos (cf. M. Herrero, <u>Ideas</u> <u>de</u> <u>los</u> <u>españoles</u>, 580, 582). Tristán parece rechazar tal asociación racial, que quizás iba implícita en el improperio <u>avestruz</u> (¿por ser el arroz su comida típica en la cautividad?).

Nota 1031 Aunque ha viajado extensamente (cf. vv. 1294-99), Feliciano conserva intactos los mil escudos que le diera su padre en Madrid (v. 288). Se trata de un pequeño descuido de Lope.

Nota 1043 Por lo visto, Feliciano ha comprado este caballo después de salir de Madrid, ya que él y Tristán emprendieron el viaje en animales alquilados (<u>postas</u>, vv. 206, 220, 254-56). Otro detalle no aclarado por el autor.

Nota 1055 También en la <u>Disciplina</u> <u>clericalis</u> de Pedro Alfonso (ed. Ángel González Palencia, Madrid, 1948, 118) se compara a un hombre entretenido por una cortesana con un pájaro engañado. Por otra parte, la imagen del amante como ave cogido en las redes o la liga de su amada constituye uno de los grandes tópicos de Petrarca (cf. <u>rime</u> 181, vv. 1-5; 207, vv. 35-36; 257, v. 8; etc.), y es asimismo un emblema (cf. Arthur Henkel y Albrecht Schöne, ed. <u>Emblemata</u>, Stuttgart, 1967, col. 752).

Nota 1211 Un descuido geográfico de Lope: Otavio y Teodoro vuelven a León del norte (iban a París, v. 758), mientras que Feliciano y Tristán se dirigen hacia Saluces, al sureste (v. 847); siendo esto así, difícilmente se encontrarían en el mismo mesón.

Nota 1294-99 La ruta seguida por Feliciano de Zaragoza a Saluces, su destino (cf. vv. 846-47), pasando por Perpiñán y luego Tolosa y León, presupone unos desvíos considerables; se ve que el joven no se sentía aguijoneado por el ardor bélico. Pero por otra parte, tal camino atraviesa territorios controlados por Felipe II y sus aliados: Perpiñán todavía pertenecía a Cataluña, y Tolosa, Languedoc (la porción occidental), León, Saluces y el Delfinado formaron parte de la Liga Católica hasta septiembre de 1595. En vista de ello, no debe extrañarnos que Feliciano sea acogido cariñosamente por los franceses que encuentra—es que él viaja por una región de Francia amiga de los españoles y que está en guerra civil con otros sectores del país. (Agradezco estos datos a la amabilidad del profesor Geoffrey Parker.)

Nota 1316 lúcidos intervalos: locura, falta de juicio—sentido
diametralmente opuesto al usual (cf. Fichter, ed. El castigo,
278:3119; agréguese El perro del hortelano, v. 2180).

Nota 1601-13 Nótese la relación de este pasaje con los vv. 584-
90, donde Clavelia primero rechazó las pretensiones amorosas
de Filiberto, aludiendo también a los cuatro elementos.

Nota 1820 te suspendes y admiras: Expresión corriente en el Siglo
de Oro; cf. Fichter, ed. El castigo, 254:2098.

Nota 2082 no me escribir: Era normal anteponer el pronombre personal al infinitivo en esta época; cf. Keniston, Syntax, 9.62.

Nota 2207 No se explica cómo conseguiría Teodoro la firma de Feliciano, ya que no la obtuvo al entregarle el dinero (cf. vv.
1752-55); luego huyó Feliciano, y Teodoro no lo volvió a ver
(cf. vv. 2980-83).

Nota 2525 treinta mil ducados: Es el valor de las joyas que trae Te
doro (vv. 2305-10); Alberto no expone nada de su propio peculio.

Nota 2613-14 Llevar los frascos equivale a "ser la amante de un
soldado"; cf. ¿De cuándo acá nos vino?, Ac.N., XI, 695b. Aquí
el arcabuz sirve para reforzar el evidente simbolismo erótico.

Nota 2867 me pringa: Todavía en esta época el pronombre personal
puede anteceder al verbo imperativo; cf. Keniston, Syntax,
9.541, y Gillet, 656:237.

ADICIONES A LAS VARIANTES RECOGIDAS EN LAS PAGINAS 203-19

(Todas las variantes proceden de la edición de Madrid, 1620, según
un ejemplar residente en la Universidad de Pensilvania)

148+ Lea   188 [Atribuido por error a Tristán]   941 ... estás ...
1370 [Habla el Hostalero en segundo lugar]   1400 [Por error, se
atribuye todo el verso a Dorista]   1984 ... culpado ...   2033+
(y 2714+) ... Lisenio [error por Liseno]   2090+ [Juana se llama
Julia en el manuscrito de Gálvez]   2142 ... si el ángel es ...
2419 [Habla Clavela]   2799 ... dijo ...   2883 ... es esto ...
[errata por esto]

ESTE LIBRO
SE ACABO DE IMPRIMIR
EL DIA 14 DE MARZO DE 1981